《新生》

《雀巢可俯而窺》

《你给我削瓜　我给你打扇》

《落红不是无情物　化作春泥更护花》

《豁然开朗》

《愿作安琪儿　空中收炸弹》

《卅四年八月十日之夜》

《无言独上西楼　月如钩》

丰子恺的故事

褚万根 杨子耘 杨朝婴 等 著

华文出版社
SINO-CULTURE PRESS

图书在版编目（CIP）数据

丰子恺的故事 / 褚万根等著 . -- 北京：华文出版社，2025.7（2025.8 重印）. -- ISBN 978-7-5075-6042-8

Ⅰ.K825.72

中国国家版本馆 CIP 数据核字第 2025EX8782 号

丰子恺的故事

著　　者：	褚万根　杨子耘　杨朝婴等
责任编辑：	张明华
出版发行：	华文出版社
	（北京市丰台区右外西路2号院　100069）
电　　话：	总　编　室 010-59900723　　发 行 部 010-59900727
	编　辑　部 010-59900753
经　　销：	新华书店
印　　刷：	三河市航远印刷有限公司
开　　本：	880mm×1230mm　1/32
印　　张：	8.625
字　　数：	178千字
版　　次：	2025年7月第1版
印　　次：	2025年8月第2次印刷
标准书号：	ISBN 978-7-5075-6042-8
定　　价：	56.00元

版权所有，侵权必究

目录

开头的话　　　　　　　　　　　　　　001

第一章　黄金时代的印记

1. 丰子恺周岁的故事　　　　　　　　002
2. 惊险的"立桶风波"　　　　　　　　004
3. 倔强任性的小慈玉　　　　　　　　006
4. "坟上旗杆立好了吗？"　　　　　　007
5. 黄金时代的印记　　　　　　　　　010
6. 惇德堂中偷学画　　　　　　　　　012
7. 石门镇上的"小画家"　　　　　　　014
8. "少年英雄"王囡囡　　　　　　　　016
9. 小学堂中的音乐课　　　　　　　　018
10. "柴主人"阿庆　　　　　　　　　　020
11. 徐乃宣慧眼择婿　　　　　　　　　022
12. "盲子摸在稻田里"　　　　　　　　024

13. 从丰仁到丰子恺　　　　　　　　　　　　026
14. 振华女校的"先生"　　　　　　　　　　028

第二章　先器识而后文艺

15. 《中国青年》特刊的使命　　　　　　　　034
16. 一代人的梦想　　　　　　　　　　　　038
17. 宁当流浪汉，不做亡国奴　　　　　　　042
18. 五寸不烂之笔　　　　　　　　　　　　046
19. 志存高远　重任在肩　　　　　　　　　052
20. 寻找丰家婚礼上的嘉宾　　　　　　　　057
21. 《经理月刊》猜想　　　　　　　　　　063
22. 丰子恺校歌里的爱国情怀　　　　　　　068
23. 假洋鬼子和假辫子　　　　　　　　　　070
24. 丰子恺语录　　　　　　　　　　　　　073

第三章　做一个像人的人

25. 人的教育　　　　　　　　　　　　　　080
26. 护生护心师生情　　　　　　　　　　　088
27. 丰子恺与内山完造的友情　　　　　　　093
28. "娇娇这个好名词"　　　　　　　　　　096
29. 缘缘堂里的语文课　　　　　　　　　　099

30. 独揽梅花扫腊雪　　　　　　　　　101

31. "现在谁管我啊？"　　　　　　　　102

32. 亲子教育"和谐""慈贤"会　　　　105

33. "邮票划掉"及其他　　　　　　　107

34. "父债子还"　　　　　　　　　　110

35. 会哇哇叫的钱　　　　　　　　　114

36. 小故事　大道理　　　　　　　　116

第四章　我的苦学经验

37. 爸爸的教育和妈妈的教育　　　　122

38. 日本游学受挫记　　　　　　　　124

39. 圆圈与直线的故事　　　　　　　126

40. 丰子恺从竹久梦二那里学到了什么　　129

41. 细腻与洒脱的结合：丰子恺与蕗谷虹儿的交会　　138

42. 北泽乐天：影响子恺漫画的第三人　　141

43. 中国漫画第一人　　　　　　　　146

44. 崎岖小径上走来的画家　　　　　149

45. "这不是我的东西，嘿嘿！"　　　152

46. 丰子恺的外语学习与翻译（上）　　156

47. 丰子恺的外语学习与翻译（下）　　158

第五章　最喜小中能见大

48. 丰子恺的第一本画集　　　　　　　　　162
49. 徽号"丰柳燕"　　　　　　　　　　　164
50. "吾徒鲍慧和最得吾心"　　　　　　　170
51. "疑为自己所作"　　　　　　　　　　174
52. 红马绿狗的故事　　　　　　　　　　178
53. "三分之一个子恺"　　　　　　　　　181
54. 开明书店的吃饭书　　　　　　　　　184
55. 在一幅幅封面上描绘诗意　　　　　　187
56. 丰子恺的插画艺术　　　　　　　　　194
57. 从《武训传》到教育育人　　　　　　197
58. 停船三里路　　　　　　　　　　　　199
59. 为《小朋友》画的封面画　　　　　　202
60. 一只"高傲"的白鹅　　　　　　　　205
61. 美无处不在　　　　　　　　　　　　208

第六章　生活是大艺术品

62. 丰家的桐乡方言及暗语　　　　　　　212
63. 戏迷之家　　　　　　　　　　　　　215
64. 美髯丰公　　　　　　　　　　　　　218
65. 趣味是一件重要的事　　　　　　　　220

66. 猫咪那些事	222
67. "喔哟,掰记凶了!"	226
68. 丰家年夜饭	228
69. 丰家的"春晚"	231
70. 丰家的第一台电视机	234
71. 天下何人不识丰	237
72. 丰家的"热门书"	239
73. 从"齐摇手"到"齐点首"	240
74. 读《戏和马公愚梅花诗》	242
75. 丰子恺的诗化人生	247
76. "诗和远方"	251

开头的话
——谈丰子恺的教育思想

经常有人提到,丰子恺的漫画戳痛了当代教育的痛点,也有人总结丰子恺是如何培养七个子女的。确实,丰子恺不仅是一位艺术家,更是一位教育家,他前半生主要从事教育工作。他在小学、中学、艺术专科学校、大学教过书,主要教音乐与绘画,也教过国语和英语。更重要的是,丰子恺有自己的教育思想与教育理想,并在实践中不断探索推行。

早年的丰子恺曾就学校教育提出过很激进的看法,他曾在《教育杂志》上发表《无学校的教育》,开篇引用的是法国作家卢梭《爱弥儿》中的一句话:"我不相信世人所呼为'学校'的滑稽的建筑物是教育的机关。"丰子恺之所以提出这个疑问,是因为他发现大女儿丰陈宝去上小学时总会流露出一种莫名的紧张,丰子恺对此感到不解。在他心目中,小学低年级不过是唱歌跳舞、讲讲故事,再认一些字罢了,孩子为什么会如此紧张呢？经了解，女儿丰陈宝上学的这所学校存在体罚现象：小学生犯了"错误"要"立壁角"，要打手心，要"罚一个铜板买笤帚"。老师还让学生过早接触时事，要求小学生背诵两百多字的总理遗言。丰子恺愤怒了："我的女儿，我想不识字也无妨，何必因为贪识几个字，而教她的小手心去受这种虐政的压迫与伤害呢？"他决定，他的孩子不再去学校上课，而是自己来教一些基本课程。

从这里我们可以窥探出丰子恺的教育思想，他鼓励孩子发展自己的兴趣爱好，享受转瞬即逝的童年生活；他不让孩子过早地"懂事"，他说："大人像大人，小孩像小孩，是正当的、自然的状态。像小孩的大人，世间称之为'疯子'，即残废者。然则，像大人的小孩，何独不是'疯子'，'残废者'呢？"丰子恺还认为：大人与孩子分别住在不同的世界，不能在孩子中求大人。在孩子眼里，钱币是一种精美的浮雕，是玩具，钞票如同香烟牌子一样是花纸……

进一步而言，这些都是儿童的天性，是丰子恺竭力想要保存的与生俱来的美好品质，具体来说就是：诚实率真、天真烂漫、纯洁可爱、表里如一等等，同时，要尽量摈弃尔虞我诈、口是心非、出尔反尔、好逸恶劳等成年人所具有的一些不良习性。当孩子们渐渐长大开始"懂事"时，丰子恺反而认为："你们将不复是可以使我憧憬的人。"

在丰子恺的教育思想里，少年儿童与小学生应全力注重艺术教育，因为这是一种重要的不可或缺的"人的教育"，丰子恺的艺术教育具体体现在真善美的"美"里，他说："向来的教育偏重真善，忘却了美。就是重视智识道德，看轻美育。"他还说："科学昌明以来，对于知力修练更加注重。高唱科学万能。物质文明果然奏了急速的进步。……人的眼中所见的，只有理实的追求，义务的压迫，利害的盘算。人的精神方面的感情、趣味，全然看得和没有一样了。对于人，只要每天有几小时的睡眠，有几餐饭吃，有相当的衣服穿，就是了。对于物，只求适用。眼前虽有一朵鲜妍的花，也只问有什么用，属什么科。虽到了一处山明水秀的地方，也只问是哪里，是何省何县。至于感情方面，全然忘却。这样的过于重视现实的结果，世界上的人都变成冷冰冰的，专讲利害的人了。社会变成一个荒凉的决斗场了。"

这些指的都是幼儿及小学初年级的教育。到了丰子恺的孩子们要上中学时，便又是另一番景象：丰子恺亲自带领孩子们去杭州参加考试，考中学校后他又在杭州租屋当起了寓公。丰子恺把在杭州租下的房子称作"行宫""缘缘堂支部"，有了这"行宫"和"支部"，在杭州上学的孩子们每逢周日都能在这个临时的家里感受到父爱，得到关心。然而，丰子恺的这一决定是需要付出不小的代价的，租下的房子仅在春秋两季使用，到了夏冬两季孩子们放假时，便会返回石门湾的缘缘堂与家人团聚。

丰子恺教育思想的另一个方面体现在家庭教育中，而且是在润物细无声的潜移默化中进行的。这种家庭教育在《丰子恺的故事》一书中有诸多介绍：既有缘缘堂时期的《缘缘堂里的语文课》，也有抗战逃难途中的《亲子教育"和谐""慈贤"

会》；既有润物无声言传身教的《"邮票划掉"及其他》《"父债子还"》，也有写给孩子们课外阅读的《小故事 大道理》《丰家的"热门书"》；更有《人的教育》《"诗与远方"》等阐述丰子恺艺术教育观与"读万卷书，行万里路"的人生观的篇章。这些都记录了丰子恺家庭教育的点点滴滴。这些小故事传递的正是丰子恺的教育理念。此外，书中还讲述了许多关于丰子恺勤学苦读、尊师重德的事迹，以及他与师友的交往和艺术化生活的诸多故事，现在就让我们一起走进这位艺术家的故事世界吧！

杨子耘

2025 年 1 月 20 日

（注：杨子耘为丰子恺长女丰陈宝之子）

第一章 黄金时代的印记

1. 丰子恺周岁的故事

1898年11月9日（农历九月二十六），艺术大师丰子恺出生于京杭大运河畔的浙江省石门县玉溪镇（今桐乡市石门镇）。石门是浙北古镇，相传春秋战国时期，越国为抵御吴国在此垒石为门，石门因此而得名。京杭大运河流经石门镇时拐了个一百二十度的大弯，故当地人又称石门为石门湾，或石湾镇、石湾，甚至简称湾里。大运河经镇上时分出一条支流，形成一条与大运河相平行的后河，后河的木场桥西南堍有一座坐西朝东的百年老屋"惇德堂"。这是一所三开间三进的古老楼房，第一进为丰同裕染坊店，第二进为客厅，第三进为灶间，丰子恺就诞生在三开间的中央一间的楼上。

丰子恺出生前，父亲丰鐄（字迎年，号斛泉，又号鹤旋）和母亲钟云芳已生下六个女儿。受旧社会"不孝有三，无后为大"封建思想的影响，丰家认为只有生下儿子，才算有了后代，才能继承祖宗香火。每逢钟云芳临盆的时候，丰子恺的祖母丰八娘娘（丈夫丰肇庆排行第八，故称丰八娘娘）就在楼下厨房里煮婴儿洗澡的热水，等候消息。当接生婆告诉她又是一位千金时，她就有意碰响锅盖，发脾气以表示不满。而在楼上的钟云芳听到此种声音，了解婆婆的心意，只有暗暗落泪。然而，1898年11月9日这一天的卯时，钟云芳终于生下了第一个男孩。这孩子是慈母的命根子，是老祖母的宝玉，于是父亲丰鐄给他取了个"慈玉"的乳名。

丰子恺自小便沐浴在全家人的宠爱之中。很快,他一周岁了,家里为他举行了"抓周"(也称"拿周""试周"等,是一种预卜婴儿前途的传统习俗)仪式。家里人把各种花花绿绿的玩物和文房四宝放在一个竹匾里,母亲抱着他抓周时,丰子恺的小手独独抓取了一支毛笔,这使长辈们欣喜万分。丰子恺的家乡有句老话,叫"三岁看大",大家都说这孩子将来一定喜欢写字读书。丰子恺长大以后,果然以一支笔画画、作文,为世人留下了很多经典作品,成就了他的艺术人生。

丰子恺《爸爸不在的时候》

按照石门湾的习俗，孩子周岁这一天，还要手持线香走七桥。"七桥"谐音"七巧"，寓意孩子长大后聪明灵巧。走的时候，路与桥均不可重复。丰鐄嘱咐染坊店的学徒祁官，抱着小慈玉从老屋惇德堂出发，沿后河向南走，过马家桥、南高桥到下塘过小桥，再走过东高桥、堰桥、新桥，穿过通市桥回到家中。据说当时小慈玉沿途看到羊、猪、鸡和河中的鸭，均能准确地叫出咩咩（羊）、咕咕（猪）、呱呱（鸡）、嘎嘎（鸭）[①]，沿路的人都说这孩子说话早，聪明。

自然，这种种仪式都是为了图个吉利罢了，但从中也寄托了大家对这个家里的第一个男孩子的莫大希望和美好期待。

（褚万根）

2. 惊险的"立桶[②]风波"

丰子恺的出生，给丰家带来了莫大的欢乐和温馨，他从小就备受祖母、父母及诸姐的宠爱和爱护，但在他小时候，发生过一桩十分惊险的"立桶风波"。

有一年冬天，丰子恺的母亲上楼照顾生病的婆婆，便把小慈玉交给女佣看管，女佣有事，就把小慈玉放在立桶里。等到母亲忙完事下楼来抱孩子时，眼前的一幕不由得让她惊叫起来。原来，不知是谁的疏忽，竟忘了插入立桶下边的站板，立桶下

[①] 桐乡方言中幼儿以叫声称羊为"咩咩"，猪为"咕咕"，鸡为"呱呱"，鸭为"嘎嘎"。
[②] 立桶：供取暖使用的用具，上小下大，呈圆柱形，下有隔板，隔板下是火炉。

边便是火炉，如果一脚踩下去，那还了得？幸好小慈玉的两只小脚板一直站在横档上，这才没出事。可是才一岁多点的幼儿，居然能在两根小木条上站稳多时，太不可思议了！这件事很快就沸沸扬扬地传开了，邻居们也都惊讶不已，议论纷纷。有的说："险些闯大祸！这么小的孩子，倒像是也懂事了似的，真是奇怪！"有的说："大难不死，必有后福！"日后，家人们一想起这件事就还心惊肉跳、心有余悸呢！

丰子恺《！！！》

丰子恺《FIRST STEP》

丰子恺儿时经历的这件惊险的事，应该是他人生中面临的第一次考验。后来，在抗战避难的途中，丰子恺更是历尽艰险，辗转几省大小百数十个码头，最后迎来了抗战的胜利和中华人民共和国的诞生。

（褚万根）

3. 倔强任性的小慈玉

儿时的丰子恺是丰家的掌上明珠，尤其是他的祖母视他为心肝宝贝，对他更是无比爱护，这也养成了丰子恺倔强任性的性格。

丰子恺自己能走路后，祖母经常带他一起去烧香，时间一长，这便成了习惯。有一天下午，丰八娘娘要去附近的西竺庵烧香，当时丰子恺睡得正香，她舍不得喊醒他，便一个人去了。傍晚时分，丰子恺看见祖母背着黄布袋烧香回来，吵着对祖母说："你说烧香一定带我去，这次为啥一个人去了？我一定要你带我再去。"但那时候，西竺庵已经关门了。祖母答应他第二天再带他去，他怎么也不依，祖母只得再背上黄布袋，带着他去敲开西竺庵的大门，重新烧香拜佛。

还有一次，祖母到崇德县城亲戚（丰子恺的姑母）家做客，没有带丰子恺同去。他发觉后，吵着一定要去找祖母。家里人劝也没用、唬也没用，最后只好请染坊店里的伙计祁官抱着他走了18里路，赶到崇

丰子恺年幼时与姑母丰鋮在崇德（今崇福镇）姑母家

德县城,送到祖母身边。

确实,丰子恺幼年时因受到家里长辈和诸姐无比的宠爱而显得非常任性,待丰子恺以后画画、写文章出了名,镇上有老人说:"孩子是宠不坏的,丰子恺的祖母这样宠孙子,他今天却成名了。"

其实,丰子恺的成长与父母的教诲、学校师长

丰子恺《乌衣巷口夕阳斜》

的培育、朋友们的影响和他自身的勤奋努力是分不开的。

(褚万根)

4. "坟上旗杆立好了吗?"

丰子恺的祖母沈氏,生有两子两女,长子和幼女夭亡,剩下长女丰鍼和次子丰鐄,丈夫丰肇庆早逝。

丰八娘娘是读书识字的,能看懂《缀白裘》等剧本小说,且为人豪放旷达,个性好强,又爱及时行乐。夏天的傍晚,她经常穿着一件竹衣坐在染坊店门口的河岸边吃蟹酒。镇上演戏时,她总到场。当时演戏唱戏被视为下等人的事,但丰八娘娘却敢于冲破这种封建的世俗观念,特意请来会吹会弹的艺人,

丰子恺《卖金元宝的祖母》

在家中教子女唱戏。邻近的秀才沈四相公（沈之渠，字笑轩，丰鐄塾师）常在背后议论她，说："丰八老太婆发昏了，教儿子女儿学唱徽调。"这种话传到她耳朵里，她满不在乎。丰子恺曾把祖母比作《浮生六记》中的芸娘。

丰八娘娘虽处世豪放，但教子有方。女儿丰鍼在她的教导下十分能干，描花、刺绣、剪纸、摘珠花、书法、画画等，样样都会，而且都是全县闻名的，人送雅号"丰蝴蝶"。儿子丰鐄在她的教育下，17岁时便考取第七名秀才。此后丰八娘娘便不让儿子过问染坊店的店务和家里的一切事情，让他专心读书，一心考举人。那时考举人是三年一次，称"乡试"。1891年、1894年和1897年，丰鐄三次到省城杭州参加乡试，但都名落孙山。每次丰八娘娘知道后先是宽慰儿子几句，最后总是抛下一句"坟上不立旗杆，我是不去的"。原来那时中了举人，祖坟上可以立两根旗杆。中了举人，不但家属亲戚都体面，连已死的祖宗也光荣，这也使丰鐄心情沉重，感到压力越来越大。

1900年是乡试之年，却因义和团及随后的八国联军攻入北京而无法举行。直到1902年，丰鐄虚龄38岁时，清政府才开考光绪壬寅补行庚子辛丑恩正并科。那年秋天，钟云芳照例在丰鐄的考篮里放进糕和粽子，祈求丈夫能"高中"，而那时丰八娘娘已因病卧床多时，但她还是叮嘱儿子："斛泉，到了杭州，勿要埋头用功，先去玩玩西湖，胸襟开朗，文章自然生色。"

这一次乡试或许是母亲的叮嘱使他开了窍，或许是可爱的小慈玉使他精神振奋，丰鐄终于高中庚子辛丑恩正并科第八十七名举人。这是数十年来石门湾考中的第一位举人，成为石门湾特别稀奇的一件大事。报单传至石门，阖镇欢呼，附近各县的知事、乡绅和亲友都来丰府贺喜。丰鐄在惇德堂中开贺三天，丰八娘娘天天扶病下楼来看，病也似乎好了一点儿。

但是经过这番兴奋，丰八娘娘的病势日渐沉重起来，丰鐄连忙在祖坟上立了两根旗杆。弥留之际，丰八娘娘问丰鐄："坟上旗杆立好了吗？"丰鐄赶紧回答："立好了，立好了。"丰八娘娘含笑而逝。大家说："这老太太好福气！"晚年的丰子恺还记得祖母躺在尸床上时，父亲拿一叠纸照在她紧闭的眼前，含泪说道："娘，我还没有把文章给你看过。"

幼年丰子恺为失去一位慈爱的祖母而伤心落泪，同时祖母乐观、豁达和率性的个性也深深地影响着年幼的丰子恺。

旗杆石

（褚万根）

5. 黄金时代的印记

丰子恺在 1934 年 7 月 20 日《人世间》第 8 期发表了题名为《疤》的散文，后改名《梦痕》收入《随笔二十篇》。他在文章的末尾写道："现在我对这些儿时的乐事久已缘远了。但在说起我额上的疤的来由时，还能热烈地回忆神情活跃的五哥哥和这种兴致蓬勃的玩意儿。谁言我左额上的疤痕是缺陷？这是我的儿时欢乐的左证，我的黄金时代的遗迹。"

丰子恺左额上有一条同眉一般长的疤，这条伤痕是丰子恺童年时代留下的印记，而这条印记又和他一个叫五哥哥的伙伴有关。五哥哥名为丰乐生，父亲丰亚卿，是丰子恺堂伯父，人称"麻子三大伯"，在丰同裕染坊店里当管账先生。五哥哥跟着他父亲在店里当学徒，他比丰子恺大几岁，经常和丰子恺一起玩。

那是在丰子恺四五岁的时候，按当地习俗，亲戚家的孩子第一次上门来，必须做一些包子让孩子带回去，称为"打送"。有一天，为了"打送"一个小客人，丰子恺的母亲、姑母和姐姐们围着一只大竹匾，正忙着做豆沙馅的熟米粉包子。包子做成后，要用红颜色在中心打一个"寿"字印子。小慈玉这时候最开心，他可以先吃一碗甜甜的豆沙，然后可以吃一个母亲专门为他做的小包子，一个不够可以吃第二个，吃了第二个再不够，他就叫嚷着要替她们打"寿"字印子。这是大人们最怕的事，她们便摘了一小团米粉给他，哄他"自己做来自己吃"。

于是,他就拿了大人们给的米粉,到染坊店里去找五哥哥一起玩。五哥哥寻出几个印泥菩萨的印模来,教丰子恺印米粉菩萨。

后来两人争执起来,五哥哥拿了他的米粉菩萨逃,丰子恺拿了自己的米粉菩萨追,追到排门旁边,丰子恺跌了一跤,额角磕在门槛上,磕了眼睛大小的一个洞,便昏迷不醒了。等到醒来,已被母亲抱在怀里,正由外科郎中蔡德本用布条包扎伤口。

丰子恺在养伤的这几天,五哥哥天天抽空上楼来探望他,来时必然偷偷地从衣袖里摸出些丰子恺爱玩的东西:关在火柴匣子里的几只叩头虫、洋皮纸人头、老菱壳做成的小脚、顺治铜钿磨成的小刀等。

丰子恺《战争的起源》

丰子恺《最初的朋友》

暮春时候,五哥哥带丰子恺到田野里去采新鲜的蚕豆,嫩的生吃,老的豆荚可以做"蚕豆水龙"。五哥哥教他做"豆梗笛",做法是把一寸来长的豌豆嫩梗插入四五寸长的开了洞孔的蚕豆梗内,吹奏起来犹如无腔短笛。他还教丰子恺用洋蜡烛油做种种浇造和塑造，用芋艿或山芋刻种种印板。

这些儿童时代的游戏，不仅丰富了丰子恺的童年生活，同时对丰子恺后来在艺术上的成就也产生了一定的影响。

（褚万根）

6. 惇德堂中偷学画

丰子恺的父亲丰鐄光绪九年（1883）考取第七名秀才，光绪二十八年（1902）高中庚子辛丑恩正并科第八十七名举人。本来考中举人后，就可以到京师参加会试，考进士做官，但丰鐄当年即遭母丧，必须在家守孝三年。三年之后，到1905年，科举废止，丰鐄虽是举人，却始终没有做官。当时，丰鐄见儿子也快到启蒙课读的时候了，便和妻子钟云芳商量，是不是在家里办个私塾，既可以补贴家用，还可以让慈玉读书。于是，在妻子的支持下，丰鐄便在自家祖屋惇德堂中办起私塾，自书"文魁第"匾额，开始收授学徒。和丰子恺一起进丰鐄私塾读书发蒙的共有七八位学生，丰鐄查了《康熙字典》，给他们一一取了学名。按照丰家的谱系，丰鐄自己是金字辈，五行相生，金生水，儿子应是水字辈。慈玉的出生和自己的中举都是祖上的恩泽，丰鐄就给儿子取名"丰润"，"润"就是"泽"的意思。因此，丰子恺进家塾后，便开始用"丰润"的名字。

丰鐄开办私塾后，首先教孩子们读《三字经》。丰鐄教书非常认真，他念一句，孩子们跟读一句。"人之初，性本善，性相近，习相远……"惇德堂内书声琅琅，学习气氛浓厚。当时还受到了近邻沈四相公的称颂，他经常对人说："丰老爷这么认真，这些孩子准有出息！"学完《三字经》，丰鐄开始续教《千字文》和《千家诗》。丰子恺天资聪颖又生性敏感，不仅背下了《千字文》和《千家诗》中的许多古诗文，还对关于时空和人生的问题生发出各种想象。同时，他从小便对艺术表现出非同一般的兴趣，对祭桌上供设的"六神牌"、祭品上的红纸盖、迎花灯会上的彩伞、苏北船上的泥塑玩具等非常喜欢并且爱得入迷，也是在那个时候，丰子恺萌发了自己作画的念头。

丰子恺《创作与鉴赏》

丰子恺《多读好书》

有一次，丰子恺读《千家诗》时，发现书页上端是《二十四孝图》的木版画，第一幅画是"大舜耕田图"，画着一只大象和一个耕田的人。他觉得看上端的画，比读下面的"云淡风轻近午天，傍花随柳过前川。时人不识余心乐，将谓偷闲学少年"诗文有趣。于是，放学后，他便向染坊店里讨些颜料，溶在小盅子里，偷偷给书上的画着色,把大象涂成红色,人涂成蓝色,大地涂成紫色。刚涂完,就发现颜料已向下渗透了好几层。第二天开课前,被父亲发现了,眼看要打手心,幸好被母亲和大姐劝住了。

此时,丰子恺的全部心思都被涂色吸引住了。一到晚上,见父亲上鸦片馆了,他就偷偷拿出颜料盅子,央用人红英去讨些煤头纸来,在扶梯底下的半桌上画彩色画。后来母亲和诸姐也看到了,她们都说"好"。自此,丰子恺画兴越来越浓。但还是没敢给父亲看,生怕挨骂。有一次,在父亲晒书的时候,丰子恺看到了一部《芥子园画谱》,里面花样很多,便偷偷地取出来,藏在了自己的抽斗里。晚上,又偷偷地拿给红英看。红英教丰子恺用习字簿的纸覆在上面,印着描。最初印着描的是一幅"柳柳州像"。

丰子恺十二三岁的时候,已把这本《芥子园画谱》临摹完了。而此时,丰鐄已经作古,他未能亲眼见证儿子迈出成为画家的第一步。

(褚万根)

7. 石门镇上的"小画家"

光绪三十二年(1906)秋,丰子恺9岁时,父亲丰鐄因病去世,丰子恺便转入了石门镇南市于云芝私塾。

不久,于云芝就教丰子恺他们读《孟子》和《幼学琼林》,但那时丰子恺的主要兴趣在画画上,他也懂得从红、黄、蓝三

"原色"中调出橙、绿、紫三"间色"来，画面也更加丰富多彩了。同学们都说丰子恺画得比原本上好看得多，经常用挖空的老菱壳、金铃子、顺治铜钱、子弹壳等小玩意儿同他交换。有一次，两个同学为了交换一幅画而发生冲突，被老师于云芝知道了。他查明了原因，并搜查了丰子恺的抽斗，从里面翻出一本《芥子园画谱》，但他没有责备丰子恺，而是翻开画谱中的孔子像，对丰子恺说："你能看了样画一个大的吗？"丰子恺受宠若惊，连忙说："能。"而丰子恺一向只会印描，从未放大了画过。丰子恺心事重重，拿着先生给的大纸回到家里，把这事告诉了大姐丰瀛。还是大姐想出了办法：先按画谱大小打一张方格子，套在画谱的薄薄的书页中间，再用裁缝用的粉线袋和尺，在大纸上弹上同样数量的大方格，依照方格放大了画。先用烧焦的柳条打稿子，在大姐的帮助下，竟画了一幅与丰子恺本人差不多大小的孔子像。然后用毛笔勾线，再涂上颜色。大家都觉得丰子恺画得比书上的还要漂亮。

　　丰子恺把画像给先生于云芝看，于云芝十分高兴，连连对丰子恺说："不错，不错。"这样孔子像就端端正正地粘贴在私塾堂名匾下的板壁上，供学生们每天鞠躬礼拜。几年后，科举废除，于云芝为适应教学新需要，买了一架风琴来，自己先练习几天，然后教学生们唱。丰子恺学唱的第一首歌是《男儿第一志气高》(男儿第一志气高，年纪不妨小……)。接着，于云芝还请来一位体操老师，教学生们到野外去做体操。为了排列出操，他还叫丰子恺在黄布上画一条龙，一列人在龙旗的引导下穿街过市，好不威风！这些都给丰子恺留下了深刻印象。

丰子恺《写生》

丰子恺曾在《学画回忆》一文中写道:"自从我的'大作'在塾中堂前发表以后,同学们就给我一个绰号'画家'。"

(褚万根)

8. "少年英雄"王囡囡

儿时的丰子恺,最喜欢的玩伴是王囡囡。王囡囡是丰同裕染坊店北边贴邻豆腐店的小老板,比丰子恺大一两岁,名叫王复生,丰子恺叫他"复生哥哥"。他的祖母就是丰子恺晚年写的散文《四轩柱》中的"定四娘娘"。他的母亲"庆珍姑娘"在丈夫王三三死后14个月生了遗腹子王囡囡。王囡囡的相貌和豆腐店里的钟司务非常相像,镇上人都说:"王囡囡口上加些小胡子,就是一个钟司务。"钟司务非常宠爱王囡囡,打一个银项圈挂在他的项颈上,还给他买了许多新玩具。王囡囡家似乎曾遭遇困难,丰子恺父亲丰鐄帮过他家忙,因此他家大人关照王囡囡要好好照顾丰子恺,王囡囡对丰子恺犹如长兄对幼弟。

  他教丰子恺钓鱼,送丰子恺钓鱼竿。他以米蛀虫、苍蝇、蚯蚓为鱼饵,钓来许多鱼。后来丰子恺也会单独一人去钓鱼,钓来的鱼可以给家里人吃。王囡囡约几个小朋友到附近的姚家坟上去玩,他爬到坟山上"摆擂台",因为气力大,许多小朋友上去打,总是打他不下。王囡囡还会爬树,能爬到树顶,丰子恺只能爬到低枝上仰望他。早春时节,王囡囡常带丰子恺一起放风筝。不过他只能出钱买纸买绳,丰子恺手巧,便帮他糊风筝,风筝糊好后,两人就到姚家坟去放。染坊店门口的河岸边,有一块向河中突出的石头。染坊司务常常站在这块石头上,用长竹竿把染好的蓝布挑到木架子上去晒。这块石头在孩子们看来是危险地带,唯有王囡囡胆子大,不仅敢站

丰子恺《儿童散学归来早　忙趁东风放纸鸢》

上去,还能摆出"金鸡独立"的姿势。丰子恺有一次央人拉住他的手,走过去站了一会儿,只觉得下临河水,胆战心惊。后来被母亲知道,受到母亲的警诫,从此不敢再站。王囡囡生性

活泼，一天到晚精神十足，给丰子恺的童年增添了很多乐趣。不过懂事后，王囡囡因私生子的身份被人歧视，内心十分苦闷。

丰子恺晚年写的散文《王囡囡》中回忆和记述了少年王囡囡的英雄形象："王囡囡项颈里戴一个银项圈，手里拿一枝长枪，年幼的孩子和猫狗看见他都逃避。这神情宛如童年的闰土。"

（褚万根）

9. 小学堂中的音乐课

宣统二年（1910），石门镇上的有识之士在石门镇西的西竺庵内创办了"溪西两等小学堂"（因西竺庵门前的小河语溪而得名）。同时，还从嘉兴请来了一位教唱歌和体操的老师，名叫金可铸，平湖人。

丰子恺《村学校的音乐课》

丰子恺是溪西两等小学堂的第一班学生，当时学生只有七名，但学校课程设置中除修身、国文外，还有算学、体育和音乐，这使丰子恺大开眼界。丰子恺尤感兴趣的是金可铸的音乐课。学堂有架三组风琴，每天清晨，学生做完早操后，校内便会传来阵阵琴声和歌声。金可铸教唱的大都是沈心工编的《学校唱歌集》里的歌曲，如《扬子江》（长长长，亚洲第一大水扬子江……）、《好朋友》（好朋友，好朋友，大家牵了手……）、《春游》（云淡风轻，微雨初晴……）、《励学》（黑奴红种相继尽，唯我黄人酣未醒……）和《祖国歌》（上下数千年，一脉延……）等。

那时正是清朝末年，外患日逼，人心惶惶。金可铸给学生们解释《励学》和《祖国歌》的意义，述说祖国所蒙受的种种耻辱。他对学生们说："你们倘再不努力用功，不久一定要同黑奴红种一样沉沦。"丰子恺听后十分感动，以前一直浑浑噩噩地过日子，现在才知道自己生在这样危殆的祖国里。当丰子恺唱到《励学》中"亚东大陆将沉没"这句时，心惊胆战，觉得脚下这块土地真的要沉下去似的。在学唱《祖国歌》时，正值"劝用国货"时期，丰子恺和同学们高举龙旗，吹着喇叭，敲着铜鼓，走上街头，嘴里唱着"上下数千年，一脉延，文明莫与肩，纵横数万里。膏腴地，独享天然利……"不由得为祖国的悠久历史和辽阔土地感到骄傲。但当时丰子恺并不知道《祖国歌》的作者是他日后的恩师李叔同先生。

丰子恺在《回忆儿时的唱歌》一文中记述了金可铸教唱时的情景："他弹着一架三组风琴，教我们一班十三四岁的学生唱歌。这是我们最初正式学习唱歌，滋味特别新鲜，所唱的歌曲也特别不容易忘记。直到五十年后的今天，我还能背诵好几首可爱的歌曲。"

在溪西两等小学堂里，金可铸等老师的教学，不仅激发了丰子恺的爱国热忱，也培养了他的音乐兴趣，为他以后走上艺术之路打下了良好的基础。

（褚万根）

10. "柴主人"阿庆

丰子恺进入溪西两等小学堂，上了金可铸老师的音乐课后，逐渐对音乐入迷。有一次，丰子恺放学回家，找出祖母留下的丝弦乐器，开始拨弄，虽然拉得有点腔调，但总感觉没法和阿庆拉的相比。

丰子恺《王老伯伯和阿四合奏，蚊虫也合奏》

阿庆姓姚，比丰子恺年长十一岁，当时还未娶亲，一个人住在丰子恺家附近的木场桥西面的大井弄。阿庆的主要职业是当农民入市卖柴的中介人，人称"柴主人"，一般卖得的钱，农民九五扣到手，其余百分之五是"柴主人"的佣金。他上午帮人卖柴，所得佣金足够维持自己生活，于是下午空下来就拉胡琴自娱，这是他唯一的爱好。

当时留声机（唱机）还不普遍，有人就背一架有喇叭的留声机到镇上来卖唱。听一个曲子,收几个钱。曲子一唱总会吸引许多旁听者,阿庆便是其中之一。但他的旁听,不是享受,而是学习。他在音乐方面天赋独特,听了几遍后,便会在胡琴上拉出来。

丰子恺《乘凉》

夏天的傍晚,许多人坐在河岸边乘凉。皓月当空,万籁无声,这时正是阿庆大显身手的时候。琴声婉转悠扬,引人入胜。丰子恺听得入迷,便央求阿庆教他。但阿庆是凭直感学习音乐的,不懂乐理,只会拉给丰子恺听。他对丰子恺说:"跟我学胡琴,就要多练,我讲不出多少道理。"阿庆拉了一曲《梅花三弄》,由于不会教乐谱,丰子恺只能望洋兴叹。后来丰子恺去请教一个裁缝司务学胡琴上的工尺。当时没有简谱和五线谱,用的是"工尺谱",即以"合四一上尺工凡六五乙"代替"5671234567",丰子恺正是借助这种古老的记谱方式,才得以初窥胡琴演奏的门径。

阿庆悠扬的琴声始终吸引着丰子恺,阿庆也是丰子恺接触音乐的最初引导者之一。因此,丰子恺在晚年还专门写了一篇题为《阿庆》的散文,回忆和记述其人其事。

(褚万根)

11. 徐乃宣慧眼择婿

民国初年,地方上盛行选举。由于选民大多是四乡来的不识字的农民,如果被选举人的名字中有难写的字,便会影响其在选举中的得票。于是不少人把难写的名字改成同音的简笔字。丰子恺是溪西两等小学堂的优等生,一位老师便把丰润的"润"改为同音的"仁"字,丰仁这个名字一直用到了丰子恺二十多岁。

1913年,崇德县举行会考,试题是《五金之中,何者为贵》,丰仁以贱金贵铁为中心发挥了一番。在这次会考中,由于成绩优异,丰仁受到崇德县督学徐乃宣(字芮荪)的重视。他亲自调阅了丰仁的文章,发现立言不凡,言辞典雅。经了解才知丰仁是石门镇已故举人丰鐄的儿子,有家学渊源。为此徐乃宣专程到石门镇上的崇德县立第三高等小学来视察,借此机会查阅了丰仁平时的作业,并看到了这位腼腆温和、相貌清秀的少年。徐芮荪深爱丰仁的才华,便央人到丰家说媒,愿将长女徐力民(寿珠)许配给他。

但丰子恺母亲钟云芳认为徐家是崇德县城望族,且当时有财有势,而自家自从丈夫丰鐄去世后,家道中落,孤儿寡母,力薄不配,生怕日后多生枝节,便婉言谢绝。但不久徐家再次央媒说亲,并一再说明是由于爱丰子恺的才华,至于经济上万请放心。丰子恺母亲被徐家的诚心所感动,终于答应了这门亲事。这一年,16 岁的丰子恺与 18 岁的徐力民定了亲,但他们两人还没有见过面。1919 年 3 月 13 日(农历二月十二,花朝节),丰子恺与徐力民喜结连理。据丰子恺堂侄女丰桂撰写的《丰子恺先生的婚姻》记载:"婶妈嫁来的是全副嫁妆,所谓全副嫁妆是四橱八箱、被山、枕山,甚至嫁了用红绫包着的棺木段头,还陪嫁了一位爱凤姑娘,及她将来出嫁的箱橱等物。最后再装来了一船米和河水(意即这一生吃喝穿不必麻烦男方了)。当时老厅惇德堂楼上因负荷过重,阁楞格格作响,竟撑上了柱头。婶妈陪嫁之多,一时轰动了古老的石门小镇。"

1919 年,丰子恺夫妇结婚时摄于上海

确实,丰子恺丈人徐乃宣慧眼识英才,后来丰子恺在自身的勤奋苦学和名师的教导下,在文学、艺术等方面都取得了杰出成就。

丰子恺夫人徐力民自幼生活在富有的家庭中,照理说有一定的骄、娇二气,但她一生平易朴素,勤俭持家,承担了所有的家务。她和丰子恺两人一生相敬如宾，和睦相处，可说是夫妻之间的典范。

抗日战争前，丰子恺在崇德岳母家合影

（褚万根）

12."盲子摸在稻田里"

1906年秋分时节，丰子恺的父亲丰鐄因肺病去世。自此，丰子恺的母亲钟云芳担负起了抚育家里儿女成长，以及经营丰鐄留下的数亩薄田和染坊店的重任。钟云芳十分能干，她虽然不识字，却治家有方，一个人担起了里里外外的一切责任。她经常坐在惇德堂客厅西南角的八仙桌旁，同店伙们议店事，同帮工们谈家事，同亲朋戚属、近邻街坊聊天或交涉，无论何种场合，她都能应对自如。

钟云芳虽然善于处理家务店事，但因为不识字，不能读书看报，因此对于时务无法深知。她哀叹丈夫早死，又苦自己是一个不识字的女流之辈。她对子女们谈到这种事时常常说："盲子摸在稻田里了！"以此比喻自己无所适从。

1914年，丰子恺以第一名的成绩毕业于崇德县立第三高等小学，即将面临人生的第一次重大选择，即小学毕业的升学问题。那时丰子恺只知一味埋头用功，不去考虑别的，做母亲的更加不知所措。恰巧邻居沈纯常（字蕙荪）是小学校的校长，又与丰家有亲戚关系，而且沈蕙荪的儿子沈元是丰子恺的同班同学，成绩仅次于丰子恺，也正在考虑升学的事情。钟云芳就去请教沈蕙荪，请他参谋丰子恺的升学问题。在沈蕙荪的建议下，钟云芳决定让儿子去省城杭州投考中等学校。

这一年的夏天，丰子恺吃了母亲为他准备的糕和粽子，跟随沈蕙荪父子第一次踏上了省城杭州的土地。为保险起见，丰子恺同时报考了三所学校：浙江省立第一中学、甲级商业学校和浙江省立第一师范学校。结果三所学校都录取了丰子恺：浙江省立第一中学第八，甲级商业学校第一，浙江省立第一师范学校第三。钟云芳又与沈蕙荪等亲族商量，最终决定进入浙江省立第一师范学校学习。一是当时社会存在轻视工商现象，丰子恺虽以第一名考取商校，但终被母亲否决了；二是第一中学毕业后，目标是升入大学，家里财力有限，不可继续升学；三是师范学校毕业后，可以回到家乡做教师，不必外出，而且师范学校收费低廉，家庭负担轻。

1914年9月，丰子恺进入浙江省立第一师范学校。在这所学校里，他遇到了对他一生产生重大影响的两位恩师——李叔同和夏丏尊。

（褚万根）

13. 从丰仁到丰子恺

熟悉丰子恺生平的人都知道，丰子恺乳名慈玉，进私塾启蒙时父亲丰鐄为他取学名丰润。民国初年，实行汉字简化，小学老师将丰润改为同音的丰仁。丰仁以第三名的成绩考取了浙江省立第一师范学校。

浙江省立第一师范学校前身是浙江官立两级师范学堂，创办于1908年，1913年改名为浙江省立第一师范学校。这所学校不仅校舍规模宏大，师资力量也是最雄厚的。校长是经亨颐，教师有李叔同、夏丏尊、单不厂、堵申甫、姜丹书、王更三等名师。丰子恺刚进入学校时，只觉得生活上、精神上受到种种限制，很不习惯，甚至厌学。然而，他渐渐地接触到学校的这几位名师后，开始专心致志地用功读书。

1918年丰子恺在浙江省立第一师范学校读书时

所以，一个学期下来，丰子恺期末考试的成绩名列年级第一，深得老师的喜爱。丰子恺的国文成绩特别优异，教国文的单不厂老师更是喜欢他。

单不厂（1877—1930），又作不庵，名丕，字诒孙，祖籍萧山城厢镇，生于海宁硖石。父单沅华、伯父单棣华均以治宋学闻名。他先后任教于开智学堂、浙江省立第一师范、浙江省立二中和北京大学等。单氏深研宋理学，重考据，长训诂，著有《宋儒年谱》《二程学说之异同》《宋代哲学思想史》等。单不厂根据丰仁的"仁"字的意思，给他取了个号，叫"子颛"。"颛"音"倚"，是"安静""和乐"的意思。后来把"颛"改为"恺"，"恺"与"颛"意义相通。就这样"丰仁"与"丰子恺"同时使用，有时还自名"丰仍"。而在出了校门以后，就较少用"丰仁"这个"名"，几乎一直用"丰子恺"这个"号"了。单不厂只教了丰子恺一个学期的国文课，就离开了省立第一师范学校。后来，丰子恺他们的国文课就由夏丏尊接任。

丰子恺踏入社会之后，在各类报纸杂志上发表了大量漫画和文学作品，"丰子恺"这个名字为广大读者所熟知，而且在抗战逃难途中，还凭着"丰子恺"的这个名号，多次化险为夷，渡过难关。

"丰子恺"是我国现代文学艺术创作领域的一个重要符号，他的名字家喻户晓，同时也包含着他与老师单不厂之间的一段师生情缘。

（褚万根）

14. 振华女校的"先生"

1912年12月，丰子恺大姐丰瀛在石门镇创办了全镇第一所女校——石湾振华女校。开始时学校就办在祖屋惇德堂的三间厅堂里，后因学生增加，便租赁邻居木场桥北堍沈蕙荪新建的三大间楼房作为校舍。学校因办学特色明显，声名远扬，吸引了崇德、桐乡、乌镇和新市等地的女孩前来入学，培养出了张琴秋、钱青、张兰、孔德沚和谭乐华等许多妇女界的优秀人才和杰出代表。

1936年，沈蕙荪全家摄于石门镇木场桥堍的振华女校前

1918年秋，丰瀛因积劳成疾，英年早逝，之后就由丰子恺三姐丰满继任校长之职。1919年1月，丰子恺放寒假回到石门湾，奉母亲和三姐之命，到振华女校兼课，教授学生图画、音乐，做起了学生时代的"先生"。丰子恺聪颖好学，读书勤奋，各门功课成绩都名列前茅，是浙江省立第一师范学校有名的模范生。因此丰子恺在振华女校

丰子恺《寒假回家的哥哥，弟弟看见不认识了》

给几十个学生讲课，非常坦然从容，而且能够做到深入浅出，寓教于乐，很受学生欢迎。丰子恺上音乐课时，结合儿童的兴趣和特点，特地教大家唱儿歌。他教过两首"猫儿歌"，其一是"猫儿坐在太阳里，眼睛布线细；猫儿走到暗洞里，眼睛放大亮些些，好像黑围棋"。其二是"猫儿抱在我手里，面孔笑嘻嘻；猫儿张爪挣脱去，抓破了我新衣"。这两首儿歌，教育孩子们要观察与爱护动物，并给予形象化的美的教育，培养学生的艺术情趣。他还教过一首以乌鸦反哺喻示孩子应该孝敬父母的"乌鸦歌"："乌鸦、乌鸦对我叫，乌鸦真正孝；乌鸦老了不能飞，对着小鸦啼。小鸦朝朝打食归，打食归来先喂母，母亲从前喂过我。"此外，还教唱过"长城歌"，教导孩子们热爱祖国。

丰子恺在振华女校兼课时，就重视学生的艺术培育和个性

发展，不仅多次为女校提供新教材，使教学内容紧跟时代潮流，还通过举办音乐会、游艺会等活动，培养学生的创造性和卓越的品质。丰子恺组织活动十分认真，从排练到演出，全程亲力亲为，既要指导表演细节，又要培养指挥人才。学生的嗓子哑了，他自己掏钱买鸡蛋、皮蛋及药物；学生排练累了，他耐心安抚鼓励；学生之间发生争吵，他又悉心调解引导。当时张琴秋的妹妹张兰年仅5岁，她在游艺会上表演"猫儿歌"时惟妙惟肖，生动活泼，深受观众喜爱。当观众拥向舞台，祝贺演出成功时，丰子恺谦虚地笑了。当孩子们花朵似的笑脸上几十双闪亮的眼睛望着他时，他笑得更甜蜜、更快慰，但他转而告诫

丰子恺《告诉先生》

小学生不可骄傲，应努力学习，更上一层楼。有一年崇德县里召开运动会，丰子恺指导的"织锦操"名列前茅并获得了奖赏。丰子恺先生就是希望通过组织各种艺术活动，用美的教育唤起学生对美的向往和创造的热情。他要求学生不单要记忆书本知识，更要在课本外自由研究，树立独立思想，这样才能成为拥有独立性、自主性和创造性等品质的有个性的人。

丰子恺在振华女校当"先生"的时间，虽仅一两个寒暑假，但这是他走上学校讲台，尝试艺术教育实践的开始。他以极强的艺术个性和艺术表现力关爱学生，尊重学生，为培养学生艺术兴趣和健全人格做出了积极贡献。

（褚万根）

第二章 先器识而后文艺

15.《中国青年》特刊的使命

1926年5月,中国社会主义青年团机关刊物《中国青年》第121期的封面上,破天荒地刊登了一幅丰子恺的漫画。说"破天荒"是因为《中国青年》自1923年创刊以来,从来没有用绘画作封面的,这一期《中国青年》是"五卅纪念周年刊",不仅封面设计形式特别,而且内容更特别,这形式与内容相结合的两个"特别",是《中国青年》杂志编创历史上特别值得关注的事情。

丰子恺这幅漫画名为《矢志》,一座佛塔高耸入云,塔刹却插了一支箭,箭和塔的比例不那么写实,夸张的箭仿佛要刺透塔刹,直上云天,让人感到一种强大的张力。这幅画取材于历史上"射塔矢志"的故事。史书记载:唐代,青年将领南霁云冲出敌军包围,向贺兰进明求救。贺兰不肯出师相救,但欣赏南霁云之壮勇,"强留之,具食与乐,延霁云坐"。面对美食还有席前的美女歌舞,南霁云说了一番大义凛然的话,说完便踏镫上鞍,策马离去。出城前拔箭射向佛塔,

《中国青年》第121期封面

箭直奔塔身而去。南霁云厉声说道:"此矢所以志也。"古来有"折箭为盟",而南霁云是"射箭立誓",不愧是一位"富贵不能淫、威武不能屈"的志士英雄。

丰子恺选了这样的历史典故为画题,又用了"特写"与"夸张"的手法,画面只出现射在塔刹的箭,给人以强烈的视觉冲击。而《中国青年》就特意用了这幅画作封面,用意是很明确的。

这期《中国青年》在"编辑后记"中说:"在这样一个有价值的严肃的五卅周年纪念期,我们有意供献读者以若干有意义的物事。我们要使读者都能明了过去一年革命民众奋斗的工作,要使读者能从这些实际奋斗中切实认识五卅运动在各方面的意义,再要使读者从这里面认清我们今后应走的道路。供献这些物事的责任,我们都交给了这个特刊。我们希望这个特刊能担负他的使命。"

主编还在"编辑以后"里特地谈了这期封面的事:"这期的封面是特别请丰子恺君为我们画的,特在此表示我们的谢意。这画的含意是唐张巡部将南霁云射塔'矢志'的故事,我们希望每一个革命的青年,为了被压迫民族的解放,都射一支'矢志'的箭到'红色的五月之塔'上去。为什么是红色的五月,因为是为了纪念'五卅运动',纪念在'五卅运动'中流血牺牲的烈士。这幅画就是号召广大青年来纪念'五卅运动',发扬五卅精神。"

接着,在1926年6月的《中国青年》第126期封面上,再一次出现了丰子恺的画,与上次不同,这次画面回到了射箭矢志的人物,一个青年战士骑在一匹战马上,意气风发,挽弓搭

《中国青年》第 126 期封面

箭,准备发射。这幅画也可看作上一幅的延续,仍是激励青年为民族命运而奋斗。丰子恺的第二幅画从第 126 期到第 146 期,连续二十一期被《中国青年》选作封面画,其中包括第 139 期的"十月革命号",持续时间长达半年之久,这可以说又是一种"破天荒"了。

看了丰子恺的封面画,了解了这段史料的很多人,可能会产生疑问:《中国青年》是共青团中央的杂志,而丰子恺是出了名的追求生活情趣的画家,与激情燃烧的革命的共青团并不是完全同路的,他们是怎么联系在一起的?但历史事实就摆在面前,《中国青年》约稿,丰子恺供稿,他们确实有过这么一段缘分。那么这段缘分是从哪里来的呢?这要分别从《中国青年》和丰子恺两端来说。

《中国青年》创办人与编辑者为恽代英,他是无产阶级革命家,中国共产党早期青年运动的领导人之一。值得注意的是,1923 年,他曾任上海大学教授,还担任过教务长。上海大学成立于 1922 年 10 月,是国共第一次合作的产物。中国共产党派遣了多位重要领导与骨干参与组建,上海大学一度成为党在上海地区重要的革命活动据点和宣传阵地。陈望道在其晚年的回忆录中写道:"西摩路(今陕西北路),也就是当时上海大学校址,是'五卅'运动的策源地。5月30日那天,队伍就是在这里集中而后出发到南京路去演讲。"当时上海大学还聘请了社会上许多有名望的教师,丰子恺也在其中,可见上海大学对丰子恺的人品和学识是赞赏的。

　　没过几年,"大牌"云集的上海大学,已经闻名国内,当时社会上流传着"武有黄埔,文有上大"的说法。《中国青年》的主要编辑恽代英与丰子恺当时在上海大学成了同事,上海大学还有一位教师叫杨贤江,他是丰子恺在浙江省立第一师范学校的学长,又曾与丰子恺先后在春晖中学与上海大学共同执教,且杨贤江又曾协助恽代英编辑过《中国青年》,是恽代英非常亲密的战友。五卅惨案震惊了世界,有良知的知识分子都不可能无动于衷。五卅惨案发生后,丰子恺的好朋友沈雁冰、郑振铎、朱自清等人都写了声讨文章。恽代英和杨贤江打破《中国青年》封面从来不刊登绘画的惯例,在纪念"五卅"周年特刊的封面上做文章,邀约在社会上有影响力的丰子恺创作封面画,以加强宣传力度。丰子恺慨然应约,连连供稿,这完全是顺情顺理的事。大家爱国反帝,同仇敌忾,就这样"缘"的两端走到了一起,"偶遇"在这里变成了"必遇",最终促成了丰子恺为《中国青年》绘制的两张封面漫画,为后世留下了珍贵的红色美术史料。其实当年为《中国青年》画封面的时候,丰子恺也才28岁,他用两幅封面画既鼓励了广大读者,也激励了自己。

(吴达)

16. 一代人的梦想

1932年秋，商务印书馆总经理王云五请来社会活动家、出版家胡愈之先生主编《东方杂志》。胡愈之接受后以"新年的梦想"为主题，发出四百多封征稿信，其中包含许多知名人士，如鲁迅、林语堂、周作人、胡适、柳亚子、郑振铎、茅盾、俞平伯、巴金、老舍、夏丏尊、徐悲鸿等。信中说："在这昏黑的年头，莫说东北三千万人民，在帝国主义的枪刺下活受罪，便是我们的整个国家、整个民族也都沦陷在苦海之中。……我们诅咒今日，我们却还有明日。假如白天的现实生活是紧张而闷气的，在这漫长的冬夜里，我们至少还可以做一二个甜蜜的舒适的梦。"

"新年的梦想"分成两个部分："梦想的中国"和"梦想的个人生活"。最终发表在1933年元旦《东方杂志》"新年特大号"刊专栏上一共有一百四十二人的两百多个梦想。鲁迅没有参与征稿，他说："他（指胡愈之）不知从哪里来了一种学说，将一百多个梦分为两大类，说那些梦想好社会的都是'载道'之梦，是'异端'，正宗的梦应该是'言志'的，硬把'志'弄成一个空洞无物的东西。"

丰子恺也没有在这一百四十二人之列，但他为这一期"新年特大号"刊设计了封面：一个小男孩正在大浴盆里认真洗刷地球，旁边放着肥皂和Lysol（来苏尔，一种消毒水）。这也是一种梦想——期待地球更加干净、更加健康。专栏开篇还有用铜版纸印制的丰子恺漫画,分别是《建筑家之梦》《母亲的梦》《教师之梦》《黄包车夫的梦》《投稿者的梦》。这组漫画,每一幅都占据一整个版面,反映了当时社会的一种浮躁与焦虑的心态:建筑师梦想让房子生根,可以自行快快长大;母亲盼着子女长大,恨不得"一口气吹大";教师梦想通过注射来让孩子迅速掌握各种知识;黄包车夫恨不得多长两条腿快快挣钱;投稿者恨不得长出三头六臂,写出尽可能多的稿件。

丰子恺设计的《东方杂志》1933年新年特刊封面

丰子恺《建筑家之梦》

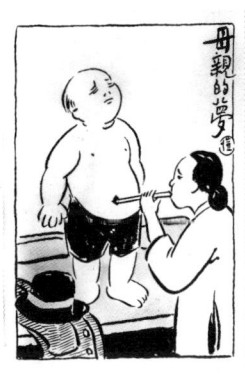

丰子恺《母亲的梦》

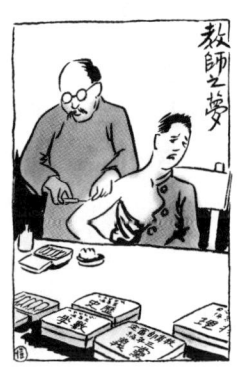

丰子恺《教师之梦》

丰子恺《黄包车夫的梦》　　丰子恺《投稿者的梦》

相应专栏参与征稿的有工人、学生，还有政府官员，更有几十个作家，几十位教授，最多的是杂志的主编、编辑和记者。下面我们来听听他们"梦想的中国"。

第一篇是柳亚子的梦想。他说："中国是世界的一部分，所以要有梦想中的未来中国，应该先有梦想中的未来世界。我梦想中的未来世界，是一个社会主义的大同世界，打破一切民族和阶级的区别，全世界成功一个大联邦。"

女作家谢冰莹的梦想极其美好："梦是多么美丽而甜蜜啊，可怜我自从有了新的思想到现在足足有十年了，在这十年中我整天整夜做着那些美丽而甜蜜的梦，虽然这梦不知要到哪一天才实现，但我仍然在继续着做。"

著名画家徐悲鸿的梦想简直就是一幅画卷。他说："在西安之西，忽成一八千里周围大湖。俾吾人游历新疆，青海，可以航行。湖中有小盗出没。又略卖违禁品，如鸦片之类，而吸者不甚多。湖流南下，直达洞庭，以其清澈，使扬子江水，及江浙海面，悉成蔚蓝之色。"

历史学家、《中国通史》作者周谷城教授的梦想只有一句话，很简单也很通俗，他"梦想中的未来中国首要之件便是：人人能有机会坐在抽水马桶上大便"。这一梦想看似简单，却是实实在在关乎民生的诉求。

郑振铎、俞平伯与茅盾的梦想是"没有梦想"。郑振铎说："我并没有什么梦想，我不相信有什么叫做'梦想'的。人类的生活是沿了必然的定律走去的。未来的中国，我以为，将是一个伟大的快乐的国土。因了我们的努力，我们将会把若干年帝国主义者们所给予我们的创伤与血迹，医涤得干干净净。"俞平伯也说："我没有梦想。"茅盾则说："对于中国的未来，我从来不作梦想；我只在努力认识现实。梦想是危险的。"

相比之下，作家巴金和老舍的梦想则略带几分迷茫和忧伤。巴金说："我现在的这种环境中，我连做梦也没有好的梦做，而且我也不能够拿梦来欺骗自己。'在这漫长的冬夜里'，我总感到冷，觉得饿，我只听见许多许多人的哭声。这些只能够使我做噩梦。"老舍说："我对中国将来的希望不大，在梦里也不常见着玫瑰色的国家。即使偶得一梦，甚是吉祥，又没有信梦的迷信。至于白天做梦，幻想天国降临，既不治自己的肚子饿，更无益于同胞李四或张三。"确实，在1932年迈入1933年之际，"一·二八事变"，山海关沦陷，即将成立伪满洲国的蠢蠢欲动，再加上经济大萧条，这些都沉沉地压在作家们的心头。

鉴于东北的沦陷，清华大学教授俞平伯假借梦想大声疾呼："对不起，'和梦也新来不做。'假如定要做的，恐怕也是妖梦罢。有一个人无端被邻居切了一只胳膊去，自然都嚷嚷要找去。

而据那邻居说,'你们不要只管来闹了,你们回去看看吧。'这真损得厉害,但我觉得不可以人废言。原来那个巨人被切去胳膊以后,好像没有这回事一样。所以面前的问题,已经不是一只胳膊的恢复,而是一条生命会不会再活。不要胳膊,是岂有此理的大量,而不要生命,是大量得岂有此理。"

丰子恺除了用他的画笔描绘了建筑师、母亲、教师、黄包车夫、投稿者这些普通人的梦想,还用他的钢笔为这个专栏写下随笔《梦耶真耶》。在这篇文章中,丰子恺阐述了他对于"梦境"和"真实"的看法,他说:"从前我同世人一样地确信'真'为真的,'梦'为假的,真伪的界限判然。现在这界限模糊起来,使我不辨两境孰真孰假,亦不知此生梦耶真耶。从前我确信'真'为如实而合乎情理,'梦'为荒唐而不合情理。现在适得其反:我觉得梦中常有切实而合乎情理的现象。而现世家庭、社会、国家、国际的事,大都荒唐而不合理。"

1933年的社会环境,无论家庭、社会,还是国家、国际,到处充斥着荒谬,让丰子恺对于"梦"与"真"产生了颠倒的错觉。

(杨子耘)

17. 宁当流浪汉,不做亡国奴

1937年11月6日,丰子恺正在缘缘堂书房里绘编《漫画日本侵华史》。约下午2时,日机开始轰炸石门镇。石门镇伤亡惨重,镇民们开始连夜逃难。幸好缘缘堂没有被炸,丰子恺也避难到南圣浜乡间胞妹雪雪家中。

背井离乡,实非所愿。当时丰子恺抱定主意:嘉兴失守,方才出走;嘉兴不失,决计不走。有一日,南圣浜来了驻军,带队的张四维连长向丰子恺透露,为求最后胜利,石门一带可能要放弃。正当丰子恺为是否离开故乡而犹豫不决的时候,收到了马一浮从桐庐寄来的邀请一起避难的信。为此,他决定率全家到桐庐投奔马一浮先生。

踏上逃难之路,丰子恺写下"宁当流浪汉,不做亡国奴"这十个字,因为他知道自己懂得日语,如果留在沦陷区,日本人是绝不会放过他的,周作人便是一个例子。丰子恺曾说:"我出走是很犹豫的、很反复的,是舍不得的,我的书都在那里啊!我为什么最后下决心带着全家逃亡,把'缘缘堂'丢掉了、不要了呢?别人不理解周作人之所以做汉奸,我理解。周作人就是因为舍不得他北平的'缘缘堂',因为舍不得,他就没有出走。日本人利用了他,由此变成了汉奸。这是前车之鉴,我无论如何不能做汉奸。精神的、物质的财产我全部丢掉,就是因为不能做汉奸!"

但是,这一"出走"注定是极其困难的——作为一家之主,丰子恺要带领一大群孩子、一位年逾七十行走不便的岳母,一路的艰难与曲折可想而知。在逃难九年里,丰氏一家的行程将近两万里,时而搭车,时而租船,有时还要翻山越岭长途跋涉。当时沿海城市很多人都加入了逃往内地的行列,住宿与交通工具极为紧张。有一次,丰子恺在万般无奈之下独自步行九十多里,成为他平生第一次长途跋涉。关于这一段经历,丰子恺写道:"全家十一人,在离散了十六天之后,在安全地带重行团

丰子恺《离情被横笛,吹过乱山东》

丰子恺《撩乱边愁弹不尽,高高秋月照长城》

聚,老幼俱各无恙。我们找到了他们的时候,大家笑得含不拢嘴来。正是'人世难逢开口笑,茅台须饮两千杯!'这晚上十一人在中华饭店聚餐,我饮茅台酒大醉。"

这一路,从浙江石门缘缘堂老家,到杭州、桐庐、兰溪、衢州、上饶、萍乡、醴陵、湘潭、长沙、汉口、桂林、宜山、思恩、河池、都匀、遵义,直到重庆,才在沙坪坝自建"抗建式小屋"定居下来。正是这一经历,促使丰子恺创作了很多抗战题材的漫画,并写就了《还我缘缘堂》《告缘缘堂在天之灵》《辞缘缘堂》《桐庐负暄》《佛无灵》等散文名篇的创作。更重要的是,在饱览祖国大好河山之后,画家的画风也跟着改变了——从原来作为图书插图的小幅简笔毛笔漫画,改为尺幅略为放大、可以供展出的彩色绘画。就这样,丰子恺的人生角色也从教师转为"自由职业者"。此后的丰子恺,以画画、办画展、写作与翻译为生。

丰子恺《流离图》

返回江南前,丰子恺写下感恩的诗词:"天于我,相当厚。"这么大一家子,又是老老小小的,而且多次与日寇的炮火擦肩而过,除了老岳母因病去世,其他人均平安回到江南,而石门缘缘堂老家只剩下被日机轰炸后的残垣断壁。

(杨朝婴)

18. 五寸不烂之笔
——丰子恺与柯灵的友谊

抗日战争分为两条战线,一条是真刀真枪的血肉拼杀,另一条是以"五寸不烂之笔"抗敌的战斗。可以说丰子恺与柯灵就是后一条战线上的战友。

丰子恺《炮弹作花瓶　万世乐太平》

在战火燃烧到丰子恺的家乡石门镇之际,丰子恺告别了缘缘堂,携一家老小辗转流离,逃难到内地。一路上,他始终没有放下手中的笔,用漫画、文章、诗歌、歌曲等方式宣传抗战。在内地担任教师期间,丰子恺还率领学生到市集上讲演、呼口号,张贴标语和抗日漫画。

1938年丰子恺在《志士与汉奸》一文中写道:

> 古人云:生,我所欲也;所欲有甚于生者。死,我所恶也;所恶有甚于死者。比生更可欲的,是"精神的生"。比死更可恶的,是"精神的死"。精神死而肉体生,是"行尸走肉"。肉体死而精神生,是"永生"。志士仁人,不愿为行尸走肉,而愿得为"永生"。但汉奸的所见异于是。他们宁愿做"行尸走肉",不需要"永生"。

在《漫文漫画序》中,他还写道:

> 一到汉口,仿佛睡醒了。因为此间友朋咸集,民气旺盛,我从来不曾如此明显地意识到自己是一个中华国民!我不惯拿枪,也想拿五寸不烂之笔来参加抗战。

1938年,丰子恺在江西萍乡与立达中学时期的学生萧而化一起写下歌曲《我们四百兆人》:

> 我们四百兆人,中华民,仁义礼智润心。

> 我们四百兆人，互相亲，团结强于长城。
> 以此图功，何功不成！民族可复兴。
> 以此制敌，何敌不崩！哪怕小东邻！
> 我们四百兆人，齐出阵，打倒那小日本！
> 我们四百兆人，睡狮醒，一怒而天下平。

歌曲《我们四百兆人》发表在由茅盾主编的《文艺阵地》创刊号上。这本杂志1938年4月在广州创刊，杂志的发刊词写道："我们现阶段的文艺运动，一方面须要在各地多多建立战斗的单位，另一方面也需要一个比较集中的研究理论，讨论问题，切磋，观摩——而同时也是战斗的刊物。《文艺阵地》便是企图来适应这需要的。这阵地上立一面大旗，大书'拥护抗战到底，巩固抗战的统一战线！'"正是在茅盾举起的这面战斗的大旗下，团结起了抗战时期知识分子中一大批进步力量，丁玲、老舍、夏衍、叶绍钧、郑振铎和丰子恺等都积极为《文艺阵地》撰稿。

在这一期杂志上丰子恺还撰写了《〈我们四百兆人〉附说》一文，阐述了对于抗战时期歌曲创作的一些观点："'柔丽'是近数年来中国作曲界的老毛病。像某种小歌剧，竟是柔丽得使人肉麻，直可指斥为'亡国之音'！'勇猛'是前者的反动，是抗战以来新作品的特色。原有可取，但只宜作冲锋杀敌之助，不是经常的'精神的粮食'。因为此次抗战，我们的任务不但是杀敌却暴，以力服人而已。我们还须向全世界宣扬正义，唤起全世界爱好和平拥护人道的国民的响应，合力铲除世界上残暴的非人道的魔鬼，为世界人类建立永远和平幸福的基础。"

在这时期，柯灵先生远在沦陷区上海也编刊物，写文章，用五寸不烂之笔揭露日寇的侵华暴行，同时鼓舞沦陷区的读者共同奋斗，一致抗敌，从而成为上海"孤岛文学"中最有代表性的作家之一。在他出版的散文集《晦明》一书中，几乎每一篇都在揭露日寇在中国犯下的滔天罪行：日本要以武力征服中国，除空袭平民外，还集中火力炸毁文化教育机构。在《回到莽原》一文中，他记录了在卢沟桥事变后三个月里，仅上海一隅的战区与非战区域，被日寇空军袭毁的地方有：大学十四所，中学二十七所，小学四十四所，博物院、图书馆、体育场等社会教育机构八处。

那时，在柯灵编辑的《文汇报》"世纪风"副刊上，时常发表逃亡内地作家的来信。有一天，柯灵注意到上海一份小报《华美晨报》有个叫"若霖"的撰文攻击丰子恺与叶圣陶等人。原来柯灵在报上的"战乱中的作家音讯"栏刊登了丰子恺从桂林的来信和一首叶圣陶的诗。丰子恺的信是写给表侄徐一帆的，原本无意发表。后来徐一帆将信转交柯灵，这封信就在"战乱中的作家音讯"栏目中以《丰子恺由湘抵桂》为题发表。丰子恺在信中有这样一段话："桂林山水甲天下，环城风景绝佳，为战事所迫，得率领全家遨游名山大川，可谓因祸得福……"若霖的文章就是针对这段话，指责丰子恺在抗战期间还有心情游山玩水，说他的逃难是游玩主义。若霖同时还攻击了叶圣陶1938年8月9日发表于《文汇报》的那首《题伯祥书巢》："小倦偃卧任市嚣，乱插瓦瓶芍药娇，摘鲜饱啖红樱桃，晚来

丰子恺《桂道》

犹复斟越醵。"说诗中"摘鲜饱啖红樱桃,晚来犹复斟越醵"是忘记了"千万同胞的血腥气"。

对此,丰子恺在《教师日记》中写道:"其言一定是咬文嚼字,吹毛求疵,无聊之极,大约另有用意。或者,孤岛人满,生活困难;欲骗稿费,苦无材料,就拿我作本钱。如此则甚可怜。我惠而不费,做个善举也罢。不然,则甚可悲观:吾国有此种无赖青年,如何抗战?"斥责了这样的吹毛求疵,丰子恺照样饱览祖国山河,并不时描绘画卷,吟写诗句。他写道:

蜀道难行景色饶,元宵才过柳垂条。
中原半壁沉沦后,剩水残山分外娇。

对于若霖文章中的论调,柯灵撰文予以驳斥。他在《抗战中的丰子恺》一文中写道:"虽然不免老朽,不曾上前线杀敌,但已经是一位民族统一战线中可敬的战士。他勇敢、坚决、乐观,和一切的战斗者一样。"柯灵还写了《拭去无知的唾沫》和《拭沫之余》两篇文章,批驳"扯淡家"的风凉话。他写道：

> 别人的故乡沦陷了，家也毁了，不甘于奴隶的命运，老老小小一大串，流离颠沛，历尽风霜，这才千里迢迢地逃到重庆或桂林；喘息刚定……通个报告行踪的音讯，"文学家"又咬牙切齿地大骂："阿弥陀佛，你怎么毫无血气……这是此路不通的游玩主义"……我们的"文学家"，这一年来没有吃过一些水果、上过一次酒楼吗？吃一点樱桃，怎么就忘记了"千万同胞的血腥气"？逃难时看一看风景，怎么就是"游玩主义？"重庆桂林是后方，上海的租界倒算是前线吗？——我们的"文学家"所缺少的，偏又是一面镜子！

柯灵在他的这些檄文中还说："像丰子恺先生那样的作家，哪用得着我这样多余的'发扬'！但上海成为'孤岛'之后，诬蔑的血潮正在泛滥，笔头一曲，往往把清白之身，弄得满是秽气，在以耳代目的读者心中，终至于冤沉海底，而客观的影响上，却完成了代敌人缴械的任务。我实在也还觉得有出来揭破那些扒淡家的面目的责任。"

在中国历史这悲壮的一页，丰子恺与柯灵就是用他们手中的五寸不烂之笔，抒发出对祖国的热爱，对日寇的痛恨，对胜利的坚信，以及对未来美好生活的憧憬。

（杨子耘）

19. 志存高远　重任在肩

——从《华大桂声》到《华大滇声》

1938年年末1939年年初，如火如荼的抗日战争开始进入相持阶段。对于当时一些西迁的高校而言，正面临着向何处去的重大抉择。而对于丰子恺来说，这个时间节点也算得上是逃难路上的一个重要转折点。

当时的华中大学（华中师范大学的前身），经历了武汉沦陷，已从武昌西迁至广西桂林。华大人秉持艰苦奋斗与抗敌的精神，于1938年11月1日在桂林出版了学校校刊的"迁桂专号"，定名为《华大桂声》。著名哲学家、教育家、校长韦卓民先生为这份刊物题写了刊名。1938年年底，桂林遭日军机轰炸，华大师生又长途跋涉，再次搬迁至云南昆明。途中，师生们爱国热情高涨，积极宣传抗日救国思想，成为西南地区宣传抗日的一支重要力量。到1939年4月25日，《华大桂声》更名为《华大滇声》，重新编辑出版。

丰子恺与华中大学似乎没有直接联系，但与该校的教员林之棠先生交往密切。林之棠是福建福安人，古典文学史、文字学大家，1920年考入北京大学中文系，1926年毕业，1928年考上北京大学文学研究所国学研究生，1937年被聘为华中大学讲师。林之棠是爱国人士，中华全国文艺界抗敌协会在汉口成立时，他由老舍推荐入会并出席大会。中华全国文艺抗协

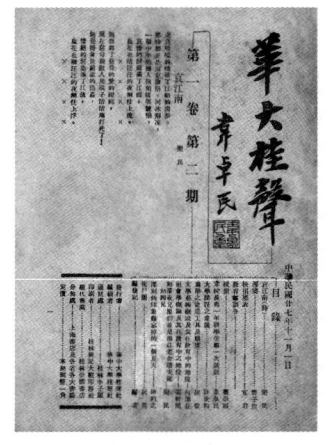 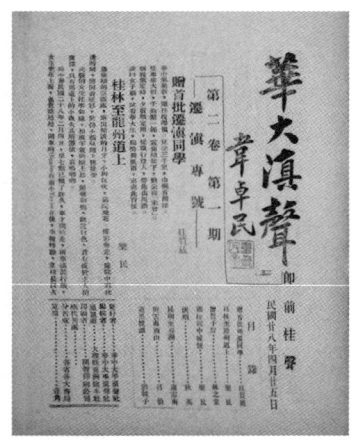

《华大桂声》与《华大滇声》

会办有会报《抗战文艺》三日刊,丰子恺当时也在汉口,他是会报的三十三位编委之一,并为会报题写了报名。林之棠对诗词颇有研究,丰子恺也酷爱诗词。在《华大桂声》第一卷第二期中,丰子恺发表了填词并配画的《梦江南·嘉兴所见》,词作上还题有"赠之棠先生　惠鉴"字样。

梦江南·嘉兴所见

　　空袭也,炸弹向谁投,怀里娇儿犹索乳,眼前慈母已无头,血乳相和流。

　　廿七年八月子恺作于桂林　赠之棠先生　惠鉴

华中大学迁至云南,林之棠随行,而丰子恺也于1939年4月离开他任教的桂林师范学校,到浙江大学继续从事教学工作。也就在这时,林之棠在《华大滇声》上发表了他填写的《赠桂

丰子恺《梦江南·嘉兴所见》

林丰子恺兄调寄陌上花》：

民二十七秋随华中大学迁桂林
是冬又随迁昆明夜宿于翠湖南路
生生保育园有感赠桂林丰子恺兄调寄陌上花
林之棠

依稀梦境，漓江清约已成陈迹。屈指堪惊，时候最难将息。壩陵①自古伤离别，况乃水遥山隔。盼匈奴早灭，雾收云散，重寻知识。

丈夫应杀敌，何当后退？此志无人能解，一片丹心，付与绿窗啼鹃。翠湖昨夜桃花放，又是阳春南国，故人何处也？庭茶开遍，共崇明德②。

林之棠这里所说的"漓江清约"，就是他在桂林与丰子恺的交往，而"丈夫应杀敌，何当后退？此志无人能解，一片丹心，付与绿窗啼鹃"，指的是当时流行的对于迁校的一种偏激认识。可以看出，林之棠与丰子恺讨论过这个问题。丰子恺曾这样记述：当时桂林师范学校对于迁校之事议论纷纷，有人甚至提出迁校到桂林北面的龙胜深山里，而且还有几所学校赞成并打算同行，如果形势吃紧，甚至还有人提出让学校学员都改组成游击队，投笔从戎举枪杀敌。丰子恺说："我对此说不敢赞成。我为此新生之桂林师范惋惜。桂林师范在广西各中学中，宗旨最为远大，希望最为丰厚。我被邀初到桂林时，会见校长，即承告'以艺术兴学'，'以礼乐治校'之旨。此旨实比抗战建国更为高远。"

丰子恺的"比抗战建国更为高远"的志向，在他1938年

---

① 壩陵：疑为灞陵误排。古时灞陵一带是出西安城向东的主要通道，当时送别友朋，都是送到这里。隋唐时还有折柳相送的习俗，是因为"柳"与"留"谐音。灞桥折柳与灞陵伤别，都出自这一典故。
② 共崇明德：丰子恺在桂林开有书店，铺号"崇德"。

11月18日的日记里写得明明白白:"凡武力侵略,必不能持久。日本迟早必败。我们将来抗战胜利,重新建国的时候,就好比吾人大病初愈,百体疲乏,需要多量的牛奶来营养调理,方能恢复健康。桂师便是一种牛奶,应该把它好好地保藏起来,留给将来,不要在病中当作白开水冲药吃了。"这些观点,当然得到了林之棠先生的首肯,所以才有《赠桂林丰子恺兄调寄陌上花》中"丈夫应杀敌,何当后退"以及"此志无人能解,一片丹心,付与绿窗啼鹦"之说。

现在看来,丰子恺的观点是正确且有远见的,他后来任教的西迁浙江大学,确实为建设祖国培养出了众多栋梁之材。因此可以说,林之棠词中的"一片丹心",还是很有人识得的。浙江大学的竺可桢便是其中的一位,竺校长在1941年7月13日的日记中这样记述:"八点半开始举行典礼。余报告,勖学生以建国事业大于抗战。谓前次欧洲大战,余适在美国为学生,1917年美国加入欧战,是年哈佛大学毕业生加入海陆空军者90%以上。抗战一年半,全班〔?〕640人中,死者180余人,占28%。"接下来,竺校长用"程婴救孤"的历史故事来强调浙大学生在将来抗战胜利后肩负的建国重任。

所幸抗战时期西迁的高校都选择了正确的发展道路,丰子恺的八年"流浪汉"生涯,也迎来了喜人的转折——居遵义后转重庆沙坪坝定居,丰子恺就是在他的抗建式"沙坪小屋"里,迎来了日本人投降的这一天。

(杨子耘)

20. 寻找丰家婚礼上的嘉宾

2018年12月29日,"春风到我庐"——纪念丰子恺诞辰120周年师友书画展在温州衍园美术馆举办。画展上展示了由桐乡档案馆提供的两件实物资料:丰家二女儿的结婚证书和敬请嘉宾签名的册页。这场婚礼是1941年在遵义举行的。丰一吟在《爸爸丰子恺》一书中称是"我家第一桩喜事":"……1941年9月7日,先姐和慕法哥结婚了。这是我们逃难以来的一桩大喜事。"先姐名字叫丰林先,慕法哥就是宋慕法。

丰林先和宋慕法的结婚照

宋慕法是温州人,在浙大读书时是丰子恺的学生,毕业就职后又被聘为丰家的家庭教师,常出入丰氏在贵州遵义罗庄和星汉楼的家。宋慕法有一位温州同乡陈志超常来拜访丰子恺。后来陈志超、郑梅英伉俪当了宋慕法和丰林先的媒人,成全了一桩美满姻缘。

婚礼在遵义的成都川菜馆举行。虽然当时新式文明结婚已很通行,但结婚登记的制度并不健全,而且又在抗战困难时期,根本买不到空白结婚证书。于是丰子恺在一张粉红色纸上手书了一份结婚证书。他用毛笔小楷端端正正写上文字,还替新人写了一张"敬请签名永志光宠"的嘉宾签到的册页。结婚证书上写有结婚人、证婚人、介绍人、主婚人的名字。有趣的是,在写二位新人时,除名字、籍贯、年龄外,还特意写上出生年月日时,把二人的生辰八字都写上了,虽然是新式婚姻,却也留下了中国传统婚俗的痕迹。

丰子恺手书的丰林先、宋慕法结婚证书

那时苏步青先生随浙大西迁也在遵义，因此成了证婚人。早在20世纪30年代初，苏步青就从丰子恺的同窗、数学家陈建功那里听说了丰子恺。他对丰子恺的为人很敬佩，对其漫画也十分喜爱，后来二人多有交往，关系一直很好。巧的是苏步青也是温州人，与宋慕法是同乡，这样由丰子恺邀请，苏步青自然非常乐意地当了证婚人。

从证书上看到，介绍人陈志超和郑梅英下有"周丙潮代"和"倪兰英代"的字样，因为当时介绍人陈志超、郑梅英伉俪正好回温州老家了，所以请了随丰子恺从家乡逃难出来的私淑弟子周丙潮、倪兰英夫妻代表。那天遵义城里成都川菜馆热闹非常，在签到册页上留名的就有七十四人。这些嘉宾、来客大都是有来头的，苏步青大名鼎鼎，不用多介绍，我们来探寻一下其他嘉宾。

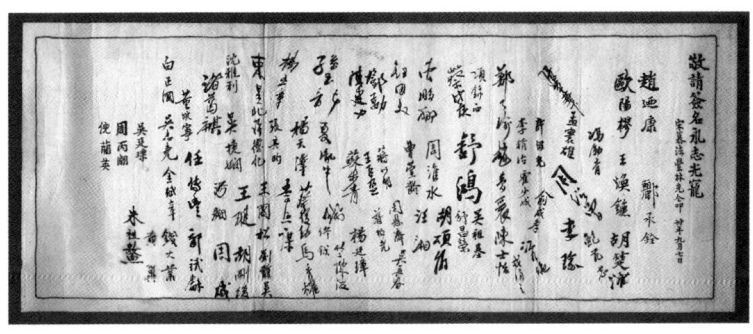

签到册上的嘉宾签名

赵迺康（1869—1942），名恺，字迺康，别号北生，晚号平叟，遵义人。清末举人，是一位学问深宏的遵义名儒，道德高尚的一代宗师,也是贵州遵义著名史学家、藏书家和书法家。

郦承铨(1904—1967),字衡叔、衡三,号愿堂,别署无愿居士,江苏南京人,著名文史学者、诗人、书画大家。

欧阳樛(1882—1972),字木初,别号墨颠,江西彭泽人。民国时期曾担任贵阳地方法院院长,抗战时期居遵义,任遵义地方法院院长、检察长。曾被聘为贵州省文史研究馆馆员。

舒鸿(1894—1964),浙江慈溪人,中国最早的国际裁判之一。早年留学美国,毕业于斯普林菲尔德学院体育系,获硕士学位。回国后,先后任之江大学、东南大学、持志大学及浙江大学等校教授。

王焕镳(1900—1982),字驾吾,号觉吾,江苏南通人,著名文史学家。曾任江苏省立国学图书馆保管部、编辑部主任,浙江大学图书馆馆长,杭州大学中文系主任,浙江省政协常委等职。

胡刚復(1892—1966),江苏无锡人,物理学家、教育家,中国近代物理学事业奠基人之一。先后任中央研究院物理研究所专任研究员,交通大学教授,浙江大学教授,天津大学教授,南开大学教授。

束星北(1907—1983),江苏扬州人,理论物理学家,被誉为"中国雷达之父"。曾求学于杭州之江大学、济南齐鲁大学。1926年自费出国留学,回国后,先后在南京中央军官学校、浙江大学、暨南大学、交通大学、山东大学任教。

陈建功(1893—1971),字业成,浙江绍兴人,数学家、数学教育家,中国函数论研究的开拓者之一。1929年在日本取得理学博士学位，回国后任浙江大学数学系主任。

白正国（1916—2015），浙江平阳人。1940年毕业于浙江大学数学系。中华人民共和国成立后历任浙江师范学院副教授，杭州大学副教授、教授、数学系主任，中国数学学会理事和浙江分会副理事长、理事长。

王国松（1902—1983），浙江温州人，电机工程学专家、教育家。1930年赴美国康奈尔大学公费留学，回国后历任浙江大学副教授、教授、电机系主任、工学院院长、副校长、代校长。

吴祖基（1915—2003），江苏南京人，中国现代数学家。毕业于浙江大学数学系，是著名数学家苏步青培养出的"四大金刚"（张素诚、白正国、吴祖基、熊全治）之一。曾任清华大学数学系讲师、郑州大学数学系主任、河南省数学会理事长。

曹萱龄，浙江鄞县（今宁波市鄞州区）人。毕业于浙江大学物理系。历任浙江大学物理系副教授、教授、系副主任，浙江省物理学会副理事长，浙江省第五届政协副主席，民盟浙江省委副主任委员。

王琎（1888—1966），字季梁，浙江黄岩人，著名化学史家和分析化学家，我国化学史研究和近代分析化学的开拓者之一。曾任南京高等师范学校、东南大学、中央大学、四川大学、浙江大学教授，中央研究院化学研究所所长。

缪钺（1904—1995），字彦威，江苏溧阳人，著名历史学家、文学家、教育家。抗战军兴，缪钺携家南下，经开封、武汉抵达重庆。时浙江大学内迁至广西宜山，缪钺于1938年应聘为浙大中文系副教授，两年后升任教授，后随浙大迁至贵州遵义。

张其昀（1900—1985），字晓峰，浙江鄞县（今宁波市鄞州区）人，中国地理学家、历史学家。1923 年毕业于南京高等师范学校，后曾在上海商务印书馆、国立中央大学、国立浙江大学任职。1949 年到台湾，曾任中国国民党中央委员会秘书长等职。

胡楚渔，1897 年生，原名祖遗，号世禄，遵义团溪人。曾在京华艺专就读，得到徐悲鸿、齐白石的真传。善画山水、竹、花鸟。他的画很有创造性。

黄翼，1924 年毕业于北京清华学校，后赴美国，在斯坦福大学、耶鲁大学专攻心理学，获哲学博士学位。在美国跟从耶鲁大学格塞尔研究儿童心理学。1930 年回国后任浙江大学心理学教授，讲授儿童、教育、实验和变态心理学。

诸葛麒（1901—1954？），初名梦麒，字振公，东阳附郭西门头人，地理气象学家。1919 年考入南京高等师范学校，1920 年 1 月 19 日被选为"南京高等师范学校地学研究会"总干事，为史地研究会第一、第四届总干事，第六届副总干事，曾为史地研究会编辑、调查部副主任、出版部主任。

刘馥英（1912—2001），浙江奉化人。1936 年毕业于浙江大学化工系。1939 年获德国明斯特大学化学博士学位。1940 年回国，曾任浙江大学副教授，交通大学教授，华东化工学院教授、能源化工系主任，上海石油学会第一、第二届副理事长，民盟第五届中央委员。1980 年研究的"水蒸气脱附的分子筛脱蜡"工艺首获国家发明奖。1983 年获全国三八红旗手称号。

王巨盈，开明书店经理。通过"开明书店"等渠道出售一些进步书籍和进步刊物,如毛泽东的《论持久战》等,对当时时代产生了积极影响。在遵义期间,丰子恺与王巨盈往来密切,被丰一吟称为"外婆家"的"开明书店"。

郭斌龢(1900—1987),字洽周,江苏江阴人,语言文学家。1927年赴美国哈佛大学深造,师从白璧德,1930年获硕士学位后,又赴英国牛津大学进修。回国后历任浙江大学中文系主任、外文系主任、师范学院国文系主任、文学院代理院长、训导长、代理校长等职。

上面讲到的这些嘉宾大都与浙大有关系,都是当时有名的学者、教授和科学家,后来他们都成为科技和文史研究等领域的大家。1941年丰家的这场婚礼可以说是一次人才云集的盛会。这场婚礼,距今八十多年,抚今追昔,让人感慨万千。这既是丰家的一件大喜事,也是浙大西迁中的一段美谈,更是一曲民族团结、凝聚人心、奋勇抗日的赞歌。

(杨子耘)

21.《经理月刊》猜想

《经理月刊》是民国时期的杂志,创刊于1935年7月,1940年9月停刊,主编为蒋用宏。创刊号开篇文章为张学良写的《我所理想的经理刊物》。这本杂志为国民政府军事委员会委员长行营经理研究会编辑的月刊,完整的刊名为《专门研究军需的经理月刊》。按理说,这样一份有关军队补给的专业杂志,与丰子恺先生的文学艺术相去甚远,但在"主要撰稿人"名单中,却有丰子恺的名字,这样就牵扯出种种猜想。

丰子恺在《经理月刊》上发表过许多漫画,主题无一例外都与抗战有关。从创刊号开始,每一期杂志上都有三四幅丰子恺的漫画。以 1936 年第一期到第五期为例,丰子恺分别发表了《愚公》《地理教师》《"大中华"》《正义之矢》《醉卧沙场君莫笑》《和平之神》《行行重行行,会当凌绝顶》等漫画。其中《愚公》一画,发表于《经理月刊》1936 年 1 月,画着一老翁带领大家移除一座山,山上竖牌"国耻山"。丰子恺援引战国时期思想家列子愚公移山的寓言故事,来启迪民众勿忘国耻。到 1945 年,毛泽东同样也讲述了这个故事。

读了这些漫画,我们不禁会有很多猜想。

第一个猜想:丰子恺为什么会选择在《经理月刊》上长期发表漫画?按理说,丰子恺一向不乐意与国民党走得过近,作

丰子恺《愚公》

丰子恺《"大中华"》　　　丰子恺《醉卧沙场君莫笑》

家舒群在《我与子恺》一文中曾这样回忆 1938 年时与丰子恺的交往："一次，我从市内去泮塘岭，他正好在家，我觉得很奇怪，因为子恺教书很忙，课外辅导也颇多，白天少有如此消闲。我问：'今天怎么这么巧？'他笑了笑，将桌上的日记本推到我面前，我记得上面写的是：蒋介石今日到校参观，我归家避之。他之所以'避之'，是出于文人学士的洁身自好，还是政治上以第三者自居呢？我以为两者兼而有之。"那么，可以作这样的猜想，丰子恺这是通过艺术的形式宣传保家卫国的思想，"以五寸不烂之笔宣传抗日"的激情，这才让丰子恺与这本专门研究军需的杂志走到了一起。

第二个猜想：是谁牵线的？一般来说，丰子恺很少主动投稿，他的作品大多是出版社和杂志社约稿，且通常通过相熟的主编或者编辑发表，有相对固定的圈子。如在文学周报社和开明书店，有郑振铎、叶绍钧（叶圣陶）、谢六逸、赵景深、章锡琛、夏丏尊、朱自清、傅彬然、宋云彬等一大批编辑同人；即使为广学社或者宗教杂志《觉有情》《海潮音》等画一些封面与插图，也是因为有谢颂羔与太虚法师等熟人朋友，而在《经理月刊》，要尝试梳理出这样一个有军队背景，又是朋友圈里的人，似不容易。

查《经理月刊》的作者群，与丰子恺有联系的人相当少，画家方面有徐悲鸿，作家方面有赵超构。再查杂志的出版单位，是中国文化服务社，丰子恺的美术史论《绘画概说》，1936年4月由中国文化服务社出版。这家出版社的社长是刘百闵。早在20世纪20年代，刘百闵就是马一浮先生的知交，而丰子恺结识马一浮是在学生时代，与刘百闵大致重合。李叔同出家以后，马一浮还成了丰子恺学术与精神上的导师。

刘百闵曾留学日本早稻田大学，毕业回国后任陈立夫的秘书。抗战时期刘百闵在四川乐山复性书院任总干事，马一浮任院长兼主讲。丰子恺曾于1943年年初赴复性书院看望马一浮。这样看来，通过马一浮这座桥梁，丰子恺结识刘百闵，并在刘百闵治下的《经理月刊》上发表抗战漫画也是有可能的。

由于《经理月刊》为"专门研究军需的"杂志，这样还引出了第三个猜想——军邮。在1945年元旦，邮政总局在重庆发行了一枚无面值的军邮邮票。这枚邮票在当时是按"军邮优待"办法发行的，专供抗战官兵交寄家书。邮票采用凸版印制，颜色为洋红。邮票图案中所画的内容是：一名邮务人员在前线战壕内向三个正在作战的士兵分送邮件。沙包垒成的战壕周围布满铁丝网，空中还有两架军机掠过。整体笔触简洁生动，再现了抗日战争的场面。

《民国邮票目录》未明确记载这枚邮票图案的原作者或设计者的名字,因此军邮漫画的作者到底是丰子恺还是另有其人,成为学界争论的话题。从画风看,的确为丰子恺漫画风格,《上海集邮》也在1996年第3期上发表文章:"此图的原画作者,经台湾省晏星先生多方考证,已确认是丰子恺。"再说,军邮的设计与发行,理所当然归军需部门负责。那么,通过《经理月刊》牵线,请丰子恺设计描绘了邮票画面,这种猜想也算得上顺理成章。

1945年元旦发行的军邮邮票

按理说,这份"专门研究军需的"月刊,与文学艺术有较远距离,然而,这份杂志末尾却辟有"文艺"栏目,刊登一些小说或随笔;卷首还刊登国内外的雕塑作品,如丰子恺1942年在重庆时期的邻居刘开渠的浮雕作品,以及意大利、德国雕塑家的雕塑作品。这些艺术因素渗透在"专门研究军需的"杂志里,会不会与一辈子热衷于艺术的丰子恺有关?这又是一种猜想。

应该说,这些猜想也许大胆或牵强,笔者只是想起到抛砖引玉的作用,让抗战中的这段历史水落石出,让这些猜想得到正确解答。

(杨子耘)

22. 丰子恺校歌里的爱国情怀

丰子恺一生中有近一半时间在从事教育工作，并以艺术教育中的绘画与音乐为主，为大众留下了多首校歌，有的是作词，有的是作曲，也有用古诗词与外国歌曲"组合"的，还有取外国歌曲填词的，就像李叔同先生的《送别》那样。

从丰子恺留下的校歌里可以看出，每一首都透露出浓浓的爱国情怀。他为家乡崇德县立第三小学所写校歌，创作于1932年，至今仍被浙江省桐乡市石门镇中心小学作为校歌使用。这首歌的歌词为：

> 古时吴越此分疆，北通沪滨南达杭，
> 是我第三小学校，运河流泽长。
> 今东邻毒焰正肆张，愿同学急起图自强。
> 强则生存弱则亡，天演公理自昭彰。
> 他年努力雪国耻，振我邦家光。

丰子恺还为春晖中学创作过校歌。那时他应老师夏丏尊先生邀请，举家搬迁至浙江上虞白马湖畔的春晖中学，在那里教图画课与音乐课。在此期间，他把唐代诗人孟郊《游子吟》的词配上了一首外国歌曲的曲调，巧妙地改编成了一首校歌，这次"嫁接"十分成功，改编后的校歌至今仍在春晖中学传唱。

石门镇小校歌

（原崇德县立第三小学）

丰子恺 词曲

C=3/4

```
1 2 3 3 | 3 4 5 — | 2 3 4 4 | 4 3 6 5 5 |
古时吴越  此分疆   北通沪滨   南达杭.

1 2 3 3 | 3 4 5 — | 2 5 4 2 | 1 — — |
是我第三   小学校.  运河流泽   长。

2 5 5 | 7 6 6 4 5 | 2 5 5 | 7 6 6 4 5 |
今东邻  蓄焰正肆张， 愿同学  急起图自强

1 2 3 3 | 3 4 5 — | 2 3 4 4 | 4 3 6 5 5 |
强则生存  弱则亡.   天演公理   自昭彰.

1 2 3 3 | 3 4 5 — | 2 5 4 2 | 1 — — ‖
他年努力  雪国耻，  振我邦家   光。
```

丰子恺作词作曲的《石门镇小校歌》

在日寇侵华时期，丰子恺带领全家逃难，一路西行至广西桂林。在广西桂林师范学校担任教师期间，他与沈秉廉先生合作，写下了阐释抗战时期教育思想的校歌。

百年大计树人，教育根本在心。
桂林师范仁为训，克己复礼泛爱群。
义水之滨，大岭心村，
心地播种，普雨悉皆萌。

那是抗日战争最艰难的时候，广西教育界有人提出解散学校，把学生改编成游击队参加抗日战争，丰子恺为此记述："以

此歌为校歌的学校，其宗旨何等远大，希望何等丰富！况且广西教育当局特拨巨款，以供建筑校舍，培养学生之用。其物质的基础也可谓稳固。以此得天独厚之桂师，改组为游击队，我认为可惜。"丰子恺高瞻远瞩，用一首校歌坚定了克服困难坚持办学的理念。在这一时期，丰子恺还为桂北全州国民学校创作了校歌，选用外国歌曲《我的诺曼底》作为曲调，丰子恺填词。

> 励勤朴兮贵劳谦，全县国民体魄健。
> 崇信义兮尚仁爱，全县国民道德全。
> 健健健，日日健，全全全，日日全。
> 精神物质本无偏，试看湘漓分流共一源。

由于战乱，这首校歌未能得到采用，但从歌词的字里行间可以看出丰子恺对于全州国民学校德育和体育并举的教学思想的赞誉。

（杨子耘）

23. 假洋鬼子和假辫子

丰子恺对鲁迅先生仰慕已久，第一次见到鲁迅先生，是在上海四川北路的内山书店里，由日本友人内山完造介绍的。

鲁迅先生的小说大都含有对封建社会的讽刺，因此丰子恺决意为这些小说绘插图，使它们便于更多群众阅读。丰子恺说：

"这好比在鲁迅先生的讲话上装一个麦克风,使他的声音扩大。"

丰子恺曾三次为《阿Q正传》绘插图。第一次是在1937年,但已经完成的所有图稿在上海遭遇日寇"八一三"大轰炸,统统化为灰烬;第二次是在1938年,丰子恺在逃难途中重画插图,但在广州又被战火烧光;第三次是在1939年,丰子恺为求完美,还特地请教了绍兴籍朋友,帮忙指正了一些绍兴的风物民俗,最终,他绘制了五十四幅插图,并由开明书店出版。丰子恺的三次锲而不舍,都是为"将来的中国,当不复有阿Q及产生阿Q的环境",毕竟当时"阿Q相"何止绍兴有,各地都有。

出于对鲁迅先生的敬佩,后来丰子恺又陆续为《孔乙己》《祝福》等八篇小说画了一百四十幅插图。画这些插图,内容上对丰子恺来说不是难事,第一,绍兴、桐乡同属浙江,民生风俗大同小异;第二,小说描写的大多是清末社会状况,男人拖辫子女人裹小脚,丰子恺都亲眼看见过,闭着眼睛也能回想出那些形象。丰子恺所绘插图使鲁迅先生的多部作品更加生动。

鲁迅先生思想前卫,早在1903年日本留学期间,就毅然决然剪掉了辫子,但回国后在婚礼上,还是不得不戴上装有假辫的筒帽。丰子恺也在15岁(1912年)时受先进思想影响,剪掉了拖在身后的长辫。为此母亲把他骂了一顿,他自己也哭了一场,在母亲看来,犹如遭遇不测风云。确实,当时不接受剪除发辫的国人不在少数,在他们看来,没有长辫的人无非有两种:一种是国外留过洋、接受新思想而特地剪掉的人,一种是被人捉奸遭剪辫羞辱的。因此,一些回国的人担心被骂"假洋鬼子""汉奸",

只好出高价买来假辫子连在帽子上充数。鲁迅的《阿Q正传》中有一幅假洋鬼子用哭丧棒打阿Q的插图，这上面的假洋鬼子戴的就是假辫子。

《阿Q正传》发行后，丰子恺常常收到读者来信，质疑这幅画画错了，人家假洋鬼子早就没有辫子了，怎么还拖着长辫？为此丰子恺特地发文，说明自己在作画前已将鲁迅先生的原文读过很多遍，不会画错，这个假洋鬼子确实没辫子，画上之所以有，是他回国后迫于舆论压力买来假的装上去的。但是由于篇幅限制，丰子恺没有把这段情节交代清楚，这是他的责任。

丰子恺绘《阿Q正传》插图

辫子问题反映了当时社会的愚昧落后，更反映出社会变革期新旧思想的碰撞。鲁迅曾写出"夜正长，路也正长"这样沉重的警句。在变革之路上，有人固守世俗，有人勇做先锋，而先行者已做出了表率，这是难能而可贵的。

丰子恺的三姐丰满是一个新派女性，她是镇上唯一不缠小脚的大家闺秀。1920年，她也剪去双髻改成短发，还特地和丰子恺合影留念，这是后话了。

（杨朝婴）

24. 丰子恺语录

自媒体的兴起催生了大量虚假信息，而丰子恺先生这里遭遇的便是许多花哨的、心灵鸡汤意味的假语录，例如："你若爱，生活哪里都可爱。你若恨，生活哪里都可恨"；"大事难事，看担当；逆境顺境，看胸襟"；"心小了，所有的小事就大了；心大了，所有的大事都小了"；"这个世界不是有钱人的世界，也不是无钱人的世界，它是有心人的世界"；"走正确的路，放无心的手，结有道之朋，断无义之友，饮清净之茶，戒色花之酒，开方便之门，闭是非之口"；等等。而真的丰子恺的语录与心灵鸡汤有很大区别，是主题明确、直截了当、爱憎分明、掷地有声的，诸如：

"物质文明"决不可脱离了"精神文明"而单独发达。两者必须提携并进，方能为人类造福。人类大家互相爱护，大家尊重平等自由。共存同荣，不相侵犯。然后用飞机供旅行，用炸药开矿产，用科学治日常生活，岂非最幸福的人类生活么？倘两者不能提携并进，则与其使物质文明单独发达，远不如使精神文明单独发达。因为精神文明单独发达，不过生活朴陋一点罢了，人类尚得安居乐业。倘教物质文明单独发达，则正义，公理，人道都要沦亡，而人类的末日到了！

——丰子恺《物质文明》，载1938年8月《宇宙风》

艺术能使人自然地克制人欲，保存天理。换言之，艺术能自然地减杀人的物质迷恋，提高人的精神生活。关于这点，孟子有很好的说明。他说：鱼是我所要吃的，熊掌也是我所要吃的。倘使这两者不能兼得，我情愿舍去了鱼而取得熊掌。生命是我所欲得的，正义也是我所欲得的。倘使两者不能兼得，我情愿舍去了生命而取得正义。生命是我所欲得的。但我还有比生命更欲得的东西。所以我不愿勉强得到生命。死亡是我所厌恶的。但我还有比死亡更厌恶的东西。所以有时不避患难。假使人所欲得的莫过于生命，那么只要可以得到生命的，他就无所不为了。假使人所厌恶的莫过于死亡，那么只要可以避免死亡的，他就无所不为了。但事实不然：有时这么办可以得到生命，而人偏偏不肯这么办。有时那么办可以避免死亡，而人偏偏不肯那么办。由此可知人所欲得者，有比生命更甚的；人所厌恶者，有比死亡更甚的。不但贤人如此，一切人都有此心。

——丰子恺《艺术必能建国》，
载 1939 年 3 月《宇宙风》乙刊

人生目的为何？从伦理的哲学的言之，要不外乎欲得理想的生活。亦即欲得快乐的生活。换言之，欲满足种种欲望。人欲有五：食欲，色欲，知欲，德欲，美欲是也。食色二欲为物质的，为人生根本二大欲。但人决不能仅此满足即止，必进而求其他精神的三大欲之满足。此为人生快乐的向上，向上不已，食色二欲中渐渐混入美欲，终于由美欲取代食色二欲，是为欲之升华。升华之极，轻物质而重精神。所欲有甚于生，人

生即达于"不朽"之理想境域。故精神的粮食,有时更重于物质的粮食。浅而言之,儿童之求游戏有时甚于求食。囚犯之苦寂寞有时甚于饥寒。反之,发奋忘食,闻乐不知肉味,亦不独孔子为然,人皆有之,不过程度有差等耳。今人职业与事业不符者,苦痛万状。因职业只供物质的粮食,而不供精神的粮食也。

——丰子恺《精神的粮食》,载1939年丰子恺在浙江大学所编"艺术教育"讲义

我曾经吃素,曾经作《护生画集》,这是一笔大本钱!拿这笔大本钱同佛做买卖所获的利,至少应该是别人的房子都烧了而我的房子毫无损失。便宜一点,应该是我不必逃避,而敌人的炸弹会避开我;或竟是我做汉奸发财,再添造几间新房子和妻子享用,正规军都不得罪我。今我没有得到这些利益,只落得家破人亡(流亡也),全家十口飘零在五千里外,在他们看来,这笔生意大蚀其本!这个佛太不讲公平交易,安得不骂"无灵"?

我也来同佛做买卖吧。但我的生意经和他们不同:我以为我这次买卖并不蚀本,且大得其利,佛毕竟是有灵的。人生求利益,谋幸福,无非为了要活,为了"生"。但我们还要求比"生"更贵重的一种东西,就是古人所谓"所欲有甚于生者"。这东西是什么?平日难于说定,现在很容易说出,就是"不做亡国奴",就是"抗敌救国"。与其不得这东西而生,宁愿得这东西而死。因为这东西比"生"更为贵重。现在佛已把这宗

最贵重的货物交付我了。我这买卖岂非大得其利？房子不过是"生"的一种附饰而已。我得了比"生"更贵的货物，失了"生"的一件小小的附饰，有什么可惜呢？我便宜了！

——丰子恺《佛无灵》，载 1938 年 8 月《抗战文艺》

"做人不能全为实利打算"的原故吧。全为实利打算，换言之，就是只要便宜。充其极端，做人全无感情，全无意气，全无趣味，而人就变成枯燥、死板、冷酷、无情的一种动物。这就不是"生活"，而仅是一种"生存"了。古人有警句云："不为无益之事，何以遣有涯之生？"（清项忆云语）这句话看似翻案好奇，却含有人生的至理。无益之事，就是不为利害打算的事，就是由感情、意气、趣味的要求而做的事。

——丰子恺《谢谢重庆》，载 1947 年 1 月《新重庆》

所谓"美德"，就是爱美之心，就是芬芳的胸怀，就是圆满的人格。所谓"技术"，就是声色，就是巧妙的心手。先有了爱美的心，芬芳的胸怀，圆满的人格，然后用巧妙的心手，借巧妙的声色来表示，方才成为"艺术"。先有了可贵的感想，再用巧妙的言语来表出，即成为好诗。用巧妙的形状色彩来表出，即成为好画。这好诗与好画便是好"艺术"。不然，倘只有美德（即只有可贵的感想）而没有技术（即巧妙的心手），其人固然可敬，但还未为艺术家。反之，倘只有技术而没有美德，其人的心手固然巧妙，但不能称为艺术家。他们只是匠人。现今多数人的误谬，就是错认匠人为艺术家。故艺术必须兼有巧妙的形式和可贵的内容,即艺术家必须兼有技术和美德。

——丰子恺《桂林艺术讲话之二》,1938年夏

圆满的人格好比一个鼎,"真、善、美"好比鼎的三足。缺了一足,鼎就站不住,而三者之中,相互的关系又如下:"真"、"善"为"美"的基础。"美"是"真"、"善"的完成。"真"、"善"好比人体的骨骼,"美"好比人体的皮肉。

真善生美,美生艺术。故艺术必具足真善美,而真善必须受美的调节。一张纸上漫无伦次地画许多山,真是真的,善是善的,但是不美,故不能称为画。琴瑟笙箫漫无伦次地发许多音,真是真的,善是善的,但是不美,故不能称为乐。真和善,必须用美来调节,方成为艺术。

——丰子恺《艺术与艺术家》,载1944年1月《当代文艺》

艺术的最高点与宗教相通。最高的艺术家有言:"无声之诗无一字,无形之画无一笔。"可知吟诗描画,平平仄仄,红红绿绿,原不过是雕虫小技,艺术的皮毛而已。艺术的精神,正是宗教的。古人云:"文章一小技,于道未为尊。"又曰:"太上立德,其次立言。"弘一法师教人,亦常引用儒家语:"士先器识而后文艺。"所谓"文章","言","文艺",便是艺术;所谓"道","德","器识",正是宗教的修养。宗教与艺术的高下重轻,在此已经明示。

——丰子恺《我与弘一法师》,载1948年12月《京沪周刊》

(杨朝婴)

第三章 做一个像人的人

25. 人的教育
——谈两代师生的教育观

"艺术教育是很重大很广泛的一种人的教育。"丰子恺在他的《关于学校中的艺术科》一文中把艺术教育定位为"人的教育",这就是学会怎样去做一个人,这一点即使在当今社会也是很重要甚至有所缺失的。丰子恺曾长期从事教书育人职业,曾在石门振华女校、上海专科师范学校、上虞白马湖畔春晖中学、上海立达中学(后改名立达学园)、桂林师范学校、浙江大学及国立艺术专科学校等任教。丰子恺的"艺术教育"思想,继承于他的两位老师——李叔同与夏丏尊,并在两位老师的基础上不断发扬光大。

教育也应先器识

丰子恺曾在1927年7月的《教育杂志》上发表了《无学校的教育》,文章一开始引用了18世纪启蒙思想家、教育家卢梭《爱弥儿》中的一句话:"我不相信世人所呼为'学校'的滑稽的建筑物是教育的机关。"丰子恺之所以在文章开篇引用卢梭的这句话,还要从他在浙江省立第一师范学校李叔同老师那里学音乐说起。有一天,李叔同教同学们分成三个声部练习合唱,大家正陶醉于和声之美时,下课铃煞风景地响起,同学们大为沮丧,因为要等到下周才有音乐课,到时候又要重新温习、重新排练,费时费力。接下来的一节课是博物课，老师点名，然后略加讲解，就让同学们排队在显微镜下观看细胞，每人半分钟，一个班级四十五名学生排队看，这节课剩下的时间就用在等待上了。作为学生的丰子恺当时非常不满，抱怨为何不把音乐课上完整呢？

浙江省立第一师范学校音乐教室今貌，室外原为花园，有石凳，学生时代的丰子恺清晨常坐在此读英文或聆听悠扬的歌声

还有一件事是丰子恺发现他的大女儿丰陈宝六七岁时到附近学校上学，总流露出一种莫名的紧张。经了解，原来这所学校存在体罚现象，犯了"错误"要"立壁角"，要打手心，要"罚一个铜板买笤帚"。虽然丰子恺的孩子没有受到任何处罚，但他立刻做出决定：不再让孩子去学校上课，而是亲自指导孩

子完成各项课业。因为这种学校的教育与丰子恺理想中的教育有很大差距。丰子恺推崇的是李叔同先生的文艺观,即先器识而后文艺:"应使文艺以人传,不可人以文艺传。"这也就是主张先学做人,再提高文才与学习技艺。而"立壁角"和打手心与"学做人"实在相去甚远。

此后,丰家孩子的小学教育大多是丰子恺自己"承包"了,在需要报考中学前一年再报名插班学习,参加统考。据大女儿丰陈宝回忆,父亲教算术只是把基本道理说一遍,然后就让大家自己去想,自己去研究,自己去做练习。丰家的家庭教育中教得最多的还是古诗词。与一般孩子背古诗词不同,丰子恺教的是用方言吟唱古诗词。用这种方法,即使较长的古诗也能轻松熟记。比如白居易的《买花》《卖炭翁》《新丰折臂翁》《琵琶行》《长恨歌》等,孩子们都会吟唱。

这种以教古诗词来学习语文的教学方式,从石门镇的缘缘堂,一直延续到抗战爆发后的逃难途中。1941年,丰子恺暂居遵义狮子桥塊南坛巷熊宅新屋时,他的女儿丰陈宝、丰宁馨,儿子丰华瞻陆续考上西迁到遵义湄潭的浙江大学,丰陈宝和丰华瞻后又考取中央大学外语系,转到重庆继续学习。

"教育没有了情爱,就成了无水的池"

夏丏尊在《〈爱的教育〉译者序言》中写道:"学校教育到了现在,真空虚极了。单从外形的制度上方法上,走马灯似地更变迎合,而于教育的生命的某物,从未闻有人培养顾及。好像掘池,有人说四方形好,有人又说圆形好,朝三暮四地改个不休,而于池的所以为池的要素的水,反无人注意。教育上的水是什么?就是情,就是爱。教育没有了情爱,就成了无水的池,任你四方形也罢,圆形也罢,总逃不了一个空虚。"

夏丏尊之所以来到春晖中学,很大程度上是因为在他的家乡上虞有上好的"鱼池"可以供他"放水养鱼"——上虞富商陈春澜捐资办学,在山明水秀的白马湖畔建起了春晖中学。当时夏丏尊正在湖南第一师范学校任教,他应邀来到春晖中学后,还聚集起一批志同道合的人到这里任教,他们分别是匡互生、丰子恺、朱自清、朱光潜、刘薰宇、方光焘;还有许多大家纷纷来这里举办讲座,如蔡元培、何香凝、叶圣陶、张大千、廖仲恺、黄炎培、陈望道等,一时间春晖中学声名鹊起,有"北有南开,南有春晖"之说。

春晖中学的老师们关系融洽,他们在教学之余还互相探讨翻译与写作,在这里没有文人相轻,却有文人相亲。丰子恺的第一幅漫画《人散后,一钩新月天如水》就是在这种环境里诞生的。而他更喜欢这里师生间融洽的气氛及感情,这也就是夏丏尊所说的"养鱼之水"。

丰子恺在春晖中学教授音乐与绘画课程,学校将"仰山楼"最好的两间教室分别用作音乐教室与美术教室。丰子恺还时常带领学生到乡间写生,感受自然风光的美好,他们的足迹遍布白马湖畔。有一次,作家茅盾的弟弟沈泽民要来春晖演讲,丰子恺便带着学生到车站迎接他。从车站回学校的路上,丰子恺与学生一起携手唱歌,这个画面使沈泽民对这个学校的情感教育和艺术教育大为赞赏。他说:"谁见过教师和学生一块儿到车站去接一个客人,回来的时候,携手唱歌,师生间的融洽,对待客人的亲密,在各种学校中,这是我的第一次了。"这也就是朱自清在《春晖的一月》中所说的:"这里的教师与学生,也没有什么界限。在一般学校里,师生之间往往隔开一无形界限,这是最足减少教育效力的事!学生对于教师,'敬鬼神而远之';教师对于学生,尔为尔,我为我,休戚不关,理乱不闻!"

春晖中学的这种师生关系,正是丰子恺所追求的理想中的师生关系,一旦遭到破坏,学校的教学自然也难以维系。然而这种破坏真的发生了,它始于要求学生学唱国民党歌曲。丰子恺率先抵制,认为有那么多好歌曲可以唱,为什么只能唱指定的歌?到1924年冬,春晖中学又发生了"乌毡帽事件",学生与校方的冲突爆发。这一"乌毡帽事件"发生在学生出早操时,有个叫黄源的同学因为戴了顶绍兴当地人平时戴的乌毡帽,体育老师要求他除去帽子,他认为校方并没有这方面明确的规定而不从,就这样引起师生争执。校方要处分学生,匡互生等教师力争无效,便愤而辞职。于是全体学生罢课,校方开除了参与罢课的二十八名学生,并宣布提前放假。就这样,教师们纷纷辞职,朱光潜和匡互生等教师先行一步离校,丰子恺、夏丏尊、朱自清、刘薰宇随后也告别了春晖中学。他们决定去上海,建立一所全新的、有情有爱的、能实现他们办学理想的学校——立达学园。

办学也是做人

可以说,为创办立达,丰子恺倾其所有。当时没有资金没有校舍,唯有几位老师以及从春晖中学退学跟随老师们来到上海的一群学生。匡互生去天津、北京等地募款无果后，丰子恺拿出了他卖掉春晖中学白马湖畔"小杨柳屋"的七百元钱，匡互生也拿出了卖掉湖南老家少量田地的钱，再加上老师们的捐款，凑得一千元钱。1925年2月1日，立达中学正式在上海老靶子路租屋办学。

在当时，七百元钱对于丰子恺来说几乎就是一家人的全部家当，而那时候他已是四个孩子的父亲，拿出卖房子的全部所得，就是为了与志同道合的人一起办教育。匡互生就是这样一位为办理想学校而倾尽毕生精力的志同道合者。对于匡互生的评价，朱自清后来在《哀互生》一文中这样写道："互生最叫我们

丰子恺办画展，为上海立达学园复校募捐

纪念的是他做人的态度。"这种做人的态度，也是丰子恺与立达同人们的教学目标。1925年夏秋，学校正式更名为立达学园。匡互生开设了"实践道德"课程，由他亲自讲授做人的道理——知识是最重要的，但传授知识并不是学校唯一的重要使命。如果能使学生树立远见，养成优良品质，做一个真正的人，那么，教育就是成功的。

也许是认同立达的教学理念，许多教授、名人都来到立达这样一所中学任教或讲学，其中包括鲁迅、夏衍、陈望道、茅盾、叶圣陶、郑振铎、胡愈之、刘大白、陈之佛、周予同、裘梦痕、

刘薰宇、刘叔群、方光焘、陶元庆、黄涵秋、丁衍庸、关良等。在这样的教学环境下，学生学习态度端正，成绩突飞猛进。当时上海的中学实行全市统考，第一次立达排在第十二名，第二次上升到第八名，第三次一跃而名列第三。而且立达的学生不光成绩优秀，其他方面也是一流的。学校还增设农业专修科，教师不但参与改革管理制度，还编写新的教材。他们编的算术、代数、几何等教材，为全国所采用。英语老师朱光潜、高觉敷、方光焘等，都是接受过良好西方文化教育的优才生，他们编写的英语读物新颖活泼，有效提高了学生的学习成绩。丰子恺执教绘画课，他的高尚品德和高深造诣深受学生尊敬。

立达学园设有农场，学生在这里进行劳动实践。农场常从国外引进良种，约克猪、来亨鸡等就是从国外引进的。农场还办有旬刊《农村》（丰子恺题字），编辑出版立达学园养鸡丛书。教学与劳动实践相结合，便是立达学园教育学生成人的一大举措。

丰子恺题字的《农村》旬刊

立达学园办有多份杂志，如《立达研究》、校刊《一般》等。《一般》杂志虽名曰一般，作者阵容却不一般，有叶圣陶、茅盾、郁达夫、夏丏尊、朱自清、刘淑琴、刘薰宇、方光焘、孙福熙等名家在这里发表作品，还有胡愈之、丰子恺、叶圣陶等人共同轮值担任主编。

立达学园的办校与教学获得很大的成功，人们甚至以"武有黄埔，文有立达"来把立达学园与黄埔军校相提并论，但日

丰子恺《某种教育》

丰子恺《用功》

寇的轰炸使立达校园毁于一旦。立达虽被毁，但丰子恺与他的同人的办学理念，至今仍可学习借鉴。

综上所述，从李叔同到夏丏尊，再到丰子恺，他们的教育观念一脉相承，并在艺术、人格与生活教育层面相辅相成，他们并没有像卢梭的《爱弥儿》那样否定学校教育。李叔同在推行艺术教育的同时更注重认真负责的做人态度，他以自己的表率影响每一个学生；夏丏尊把精力主要运用于对学生的爱，试图营造出学校师生亦师亦友的教学环境；而丰子恺则是把艺术教育放在重要地位，同时把学校教育与家庭教育相结合，让孩子在轻松的氛围里学习各方面的知识。这些前辈的教育理想、办学方法，概括起来，也就是人的教育。

（杨子耘）

26. 护生护心师生情

弘一法师与丰子恺的师生情缘，在跨越半个世纪的旷世巨作《护生画集》中达到了顶点。

弘一法师生于1880年。弘公50岁时，丰子恺绘制了《护生画集》第一集50幅护生画为他祝寿；弘公60岁时，丰子恺又按整寿年龄数绘制了60幅护生画为他祝寿。弘一法师收到第二集后，写信给丰子恺说："朽人七十岁时请仁者作护生画第三集，共七十幅，八十岁时，作第四集，共八十幅，九十岁时，作第五集，共九十幅，百岁时，作第六集，共百幅，护生画功德于此圆满。"丰子恺向老师发愿:"世寿所许,定当遵嘱。"

丰子恺在《护生画集》前言中提出了一个重要观点:"护生者,护心也。去除残忍心,长养慈悲心,然后拿此心待人处世。"《护生画集》原是非卖品,欢迎翻印的。1929年第一集由开明书店出版后,佛学书局、中国保护动物会、大法轮书局都发行过。1949年丰子恺从香港带回第三集后就交大法轮书局出版。第一集与第三集的原稿都由书局的主人苏慧纯保存着,但第一集只有文稿,缺了画稿;第二集也由开明书店出版,佛学书局和大法轮书局发行,但原稿(无论文稿或画稿)都已遗失。奇迹就在这时出现了。

《护生画集》封面

《护生画三集》封面

有一位名叫朱南田的先生,业余爱好书画,又擅长诗词,他十分喜爱丰子恺的画作。1960年,丰子恺就任上海中国画院

《续护生画集》封面

院长的消息在报上公布后,他通过画院转信认识了丰子恺。有一回,朱南田告诉丰子恺:"解放后,我偶在广东路古玩商店看到李、丰两先生合作的《续护生画集》手迹,出自敬慕,决心购下珍藏。这份手迹书画共六十页。索价一百六十元,后以九十六元成交。我手头拮据,先付二十元定金,而回家筹措未竟,只得卖去家具三人沙发椅一张,才勉成其事。"

朱南田又说:"原稿原由嘉兴范古农居士之亲戚保存,后其人死,子侄作废纸卖与旧货摊,幸为彼所得。可见私人保藏之不可靠。此原稿在上海,不知缘何流入嘉兴。"朱南田讲了这件事后,丰子恺十分兴奋,那时《护生画集》第四册(文字部分由朱幼兰先生书写)已在新加坡出版,他正为前三册原稿分散遗失而发愁。得知第二册原稿被找到的消息后,他立即写信将此事告诉了广洽法师。

这件事,实在是种种因缘的巧合。试想:如果第二集没有到朱南田先生手里,如果朱南田先生没有认识丰子恺,《护生画集》头三集就永远无法团圆了。这真是弘公在天之灵在暗中保佑着,促使这一浩大的"工程"圆满完成。

弘公保佑的还不止这件事。《护生画集》第五集原本应该在

1969年出版的,丰子恺却提早在1965年("文化大革命"前一年)上半年就画好,请虞愚先生写了文字部分,寄交广洽法师,同年9月《护生画集》第五集就出版了。如果晚一年到1966年,可能完成就有难度了!

但更稀奇的事还在第六集。想必又是弘公在冥冥之中示意他的忠实的弟子:"余年无多!"丰子恺毅然决然地在1973年(逝世前两年)筹划起第六集的材料来。1973年,全国正在忙着"批林批孔"。护生画,完全可能被认定为"封资修"而招来灾难,因此全家人都反对。

"文化大革命"开始后,丰家楼下的房子被无理占据,全家人只能挤在楼上,丰子恺提出让他睡在阳台上,就睡在一张无法伸直身体的小床上。他需要一个小小的清静环境,更重要的一个原因是,他决心在这里悄悄完成《护生画集》第六集的创作。

但在当时混乱的环境下,有关书籍损失殆尽,缺乏画材。一天,他与朱幼兰先生谈及筹划《护生画集》第六集的事。朱幼兰是丰子恺的一个学生,也是一名虔诚的佛教徒。他毅然同意与丰子恺合作完成《护生画集》第六集。回家后,朱幼兰在尘封的旧书中找到了一本爱护动物的故事书《动物鉴》,便给丰子恺送了过去。丰子恺立刻着手创作,认真选材构思,每天清晨天没亮就起身,在昏暗的灯光下伏案作画,这样,既不影响家人,又能够避开造反派的监视。

不久,百幅护生画圆满完成。他将画稿交给朱幼兰,低声说:"绘《护生画集》是担着很大风险的,为报师恩,为践前约，也就在所不计了！"朱幼兰深感先生为人处世总是优先考虑他人的安全，唯独不考虑自己的安全，便毛遂自荐道："我是佛门弟子，愿担此风险，乐于题词。"于是《护生画集》第六集的书画作品，在艰难的岁月下，于1973年提前完成了。1975年，丰子恺逝世，在安详舍报前，他怀揣《护生画集》六集成书的夙愿，历经近半个世纪潜心创作，最终完成了这部震撼世人的艺术巨作。

1978年，新加坡广洽法师飞到上海，在机场看到丰子恺的女儿丰一吟后，第一句话就问："你父亲的第六集《护生画集》完成了没有？"当知道完成了，他很高兴。大家开始筹划如何把这一集原稿带出去。广洽法师决定随身携带。他说佛会保佑的，弘公在天之灵也会保佑的。

1978年10月12日，广洽法师果然将《护生画集》第六集的原稿带到了新加坡。他把第一集到第六集的原稿全部交给了香港时代图书有限公司，1979年10月，这套书顺利出版了。

这套《护生画集》从1929年出版第一集，到1979年出版第六集，整整半个世纪！在丰子恺的艺术创作中，这是一项伟大的"工程"。从第一集的50幅，第二集的60幅……一直到第六集的100幅，450幅护生画，450篇护生文字，由弘一法师、丰子恺、叶恭绰、朱幼兰、虞愚五位大师合力完成，如此洋洋大观，世所罕见！而广洽法师将《护生画集》原稿带出境，使广大读者得以见到这部巨著，同样功不可没！

（杨子耘）

27. 丰子恺与内山完造的友情

丰子恺与内山完造的交往不多,却在几十年断断续续的交往中留下了一些感人的故事。丰子恺曾这样介绍内山书店:

> 从前向内山书店买过书的人都应该记得:内山书店不像一爿书店,却像一个友人的家里;进去买书的人都坐着烤火,喝茶,吃点心,谈天。买了书也不必付钱,尽管等你有钱的时候去还账,久欠不还,他也绝不来索。内山先生结交中国许多进步文人,十分同情他们在黑暗时代的苦痛生活。内山夫人美喜子也绝不像一个书店的老板娘,真是一位温良贤淑的好主妇。这书店原是她在北四川路魏盛里的小屋子里开始创办,后来扩充起来的。我从她手里不知喝过多少杯日本茶,吃过多少个日本点心。

多么温馨的书店,多么好的阅读环境!在20世纪20年代中期,丰子恺是内山书店的常客,在这里他可以用日语与内山等日本友人交流,可以找到中意的外文图书,可以与在这里觅书的读者交流,更重要的是,这里是"鲁迅的会客厅",能见到经常来这里的鲁迅先生。但丰子恺在这里只是内山书店众多"粉丝"中的一员,直到1930年丰子恺在报纸上发表漫画《邻人》,才引起内山完造的注意。那一天内山完造从一位日本顾客那里知道了丰子恺是《邻人》这幅画的作者,便拿着发表《邻人》的报纸,皱着眉头问丰子恺:你画中的这两个邻人是不是指中国和日本?丰子恺略加思考后用日语答道:"soudeska。"丰子恺后来回忆:soudeska"这一句日本话在这时候真得用,又唯唯,又否否。中国话没有相当的译法。勉强要译,只有用古人的话:'其然,岂其然欤!'这幅画中的两个邻人真像那时的中国和日本,所以应该唯唯。然而我作这幅画的动机里还含有更深更广的意义,比邦交恶劣更为深广,超乎时事漫画之上,所以又应该否否。我这幅画所讽喻的主要是人生,是广大的人生,邦交等不过是其中的一部分而已"。

丰子恺《邻人》

抗战胜利,日本战败投降两年后的一天,丰子恺来到内山书店,求购二十卷本的《夏目漱石全集》。当时店里正好有一套但缺了三卷。丰子恺便把这十七卷买了回去,还托内山先生代为寻找缺了的三卷。不久,内山先生又找到一卷,便邮寄给了丰子恺,并附言这一卷价款同前,为一万元。但内山先生收到的邮政汇票却是十万元,还附有丰子恺的一封信,"内山先生:《夏目漱石全集》缺卷一册收到。这部全集实在过于便宜,因此奉上十万元,尚希收下。"内山完造到邮政局取款时,邮局职员知道了都和他打招呼:"您就是内山先生吗?""内山先生是鲁迅先生的老朋友,是上海的老朋友,是中国的朋友啊!"听到大家的赞扬,内山完造才感悟到:"丰先生一定是看到我独自一人经营着一家旧书店,因而引起了同情心,他一定是在想要用什么办法来帮助我。"

1956年,丰子恺与内山完造再次见面。当时丰子恺的身份是中国美术家协会常务理事、上海美术家协会副主席,内山完造的身份是日中友好协会理事长。丰子恺与巴金等人去机场接机,回来的路上,丰子恺邀请大家到功德林吃饭。席间,内山完造回忆了丰子恺求购《夏目漱石全集》的事,在场的朋友听了都感到吃惊,丰子恺却微笑着说:"有过那样的事吗?那部《漱石全集》还没有补齐,但我至今还保存着,作为对您的珍贵的纪念。"

内山完造还补充说:"我读过先生在战时写的旅行日记(丰子恺著《教师日记》),知道丰子恺先生的老家在日军的柳川部队于杭州湾登陆后的行军过程被全部烧毁,他为了逃避战火,带了人口众多的家属绕道云南、贵州而到了四川省的重庆,这是一次甚至可以说是残酷的非常悲惨的旅行。……先生那次悲惨的旅行就是日本军造成的。但他非但没有为此对我说点什么,还是以那样的行为来对待我。对他这种世所少见的善行，我再次在这里从心底里表示感谢。"

丰子恺曾发表《欢迎内山完造先生》，文中说："内山先生实在是中日友好的识途老马。他过去表面上虽然在中国开书店，但是实际上并非经商，却是致力于中日文化交流。从前向内山书店买过书的人都应该记得：内山书店不像一爿书店，却像一个友人的家……"内山完造在日本岩波书店出版的《花甲录》中则说："像丰子恺先生这样体贴人心，在日本人中是很难得看到的，在中国人中也是少见的。"

内山完造先生把这段故事写进他的《花甲录》，可惜的是中文译本的内容只选取到1945年，后补的1946年至1959年的内容都没有收录。丰子恺先生翻译过《内山完造传》，同样可惜的是，这本据说是由上海人民出版社出版的书是"内部发行"，到底有没有出版，或者印数极小，都不得而知。

几个小故事，两个老朋友，讲述的是一段真情：一个是"中日友好的识途老马"，一个是"日本人中是很难得看到的"体贴人心的人。

（杨子耘）

28."娇娇这个好名词"

娇娇这个好名词，决计吾们不要。
吾既要吾学问好，吾又要吾身体好。

操操,二十世纪中,吾辈也是英豪。

娇娇这个好名词,决计吾们不要。
弗怕白人那样高,弗忧黄人这样小。
操操,二十世纪中,吾辈也是英豪。

娇娇这个好名词,决计吾们不要。
吾头顶天天起高,吾脚立地地不摇。
操操,二十世纪中,吾辈也是英豪。

  这首《女子体操》歌的歌词作者是中国音乐教育家沈心工先生,他采用了德国民谣《春天来了》的曲调,原作歌词是:"所有的鸟儿都来了,飞到这里来了。唱的唱来叫的叫,歌声婉转多美妙……"

  一百多年前,浙江省崇德县石湾乡立振华女子初等高等小学校的小学生就是唱着这首歌做体操的。学校的地点在丰子恺的出生地老宅惇德堂,学校的创办人是丰子恺的两个姐姐丰瀛和丰满。从《女子体操》歌的歌词我们可以看出这所女校的办学宗旨:学习知识,锻炼身体,女性解放,自强自立,为女性走出家门参加社会活动创造条件。这从振华女校设置的课程也可以看出,除了适合女校的女红课、修身课外,国文、算术、图画、体操、音乐等课程一应俱全,高小班级还有地理、历史、英语课。丰子恺当时正在浙江省立第一师范学校读书,而师范学校放寒暑假要比家乡的振华女校早,丰子恺就利用这段时间到振华女校代课，教图画、音乐和体操，他编排指导的体操"织锦操"在崇德县召开的运动会上还获得了奖赏。

振华女校的教学是丰子恺担任教职的尝试与实践，此后，丰子恺开始了他的教师生涯——从上海专科师范学校、浙江上虞春晖中学、上海立达学园、江苏省立松江女中、上海大学、澄衷中学、广西桂林师范学院、浙江大学，一直到国立艺术专科学校，历时数十年。

据桐乡市文联褚万根撰写的《丰子恺与石湾振华女校》一文记载："振华女校的新校舍为坐北朝南的三楼三底的楼房，进门即为一大操场，教室门窗都漆成天蓝色，安装玻璃，显得明亮而清静，环境十分优美。丰家姐妹利用新校舍，将学校办成七年制的完全小学，初小四年，高小三年。"在学校操场上，学生们唱着《女子体操》歌，这也是丰子恺儿时常唱的一首歌。丰子恺很喜欢这首歌，他的七个子女都会唱，还教会了第三代的后辈学唱。丰子恺在《回忆儿时的唱歌》[①]一文中写道："《女子体操》本来不是我们男孩子唱的，但那时因为歌曲很难得，我们的学校里虽然没有女学生（吾乡小学校男女同学，是后来的事，我儿时学校不收女生），我们男孩子也照样地唱。现在回想觉得好笑。但这首歌词实在作得很好。那时候，半世纪前，沈心工先生就勉励女子求学问，锻炼身体，并且预言了二十世纪中的女性英豪。"

[①] 《回忆儿时的唱歌》发表于1958年5月《人民音乐》杂志，是丰子恺回忆半个世纪以前唱的歌，与沈心工发表在《学校唱歌初集》上的歌词略有出入。

唱着《女子体操》歌的振华女校学生中，的确孕育出了决计不要"娇娇"之名的 20 世纪女性英豪，有沈雁冰（茅盾）的夫人孔德沚；还有红军第四方面军政治部主任张琴秋，她是红军唯一一位女将领，中华人民共和国成立后授勋的大批将领，都曾是她的部下。

（杨子耘）

29. 缘缘堂里的语文课

20 世纪 30 年代的一天，丰子恺在家乡石门镇新落成的缘缘堂里给孩子们上语文课。

这是一堂非常特别的语文课，作文的题目是《麻将》。在那时候的石门镇上，老人们闲时常会搓搓麻将，孩子们平时看着，也多少知道一点，有时三缺一甚至也可以代人玩上一把。但要详细地把麻将的"搓法"与游戏规则用一篇说明文来加以说明，却不是一件简单的事：要写得明白易懂，又要简洁明了。一百四十四张牌，有风有筒有条有萬有箭还有花，要讲清楚不容易。丰子恺的这个命题作文，着实让孩子们费了一番功夫，但文章写成以后，孩子们知道了怎样条理明晰地把一件事叙述好。

丰子恺年幼的时候，限于当时的条件，每天除了上学读书，就是与小伙伴钓鱼、放纸鸢、爬树等。现在有了缘缘堂，他不但教孩子们功课，还把缘缘堂布置成一个寓教于乐的小天地。

丰子恺《秋千》

缘缘堂环境极佳，天井里种着四季花草，还有芭蕉和樱桃，院里架起了秋千架，供孩子们玩乐。傍晚丰子恺就在天井里给孩子们讲故事，他所讲的故事，恰恰是他白天的工作：丰子恺因为欣赏斯蒂文森的文笔而翻译《自杀俱乐部》，白天钻研翻译，陶醉于斯蒂文森的天地，傍晚就把《自杀俱乐部》中的一段段故事讲给孩子们听。丰子恺曾这样描述这段经历：他在睡后梦见种种斯蒂文森风的 sentences（句子），clauses（从句）和 phrases（短语）；孩子们则在呓语中喊叫"王子""琪拉尔定"和"会长"，这些都是《自杀俱乐部》中人物的名字。

缘缘堂轩敞的客堂间是丰子恺教孩子们用石门话背诵吟唱古诗词的地方，每个孩子都必须背诵相当数量的古诗词，丰家的这一传统一直沿袭到第三代。此外就是读书了，缘缘堂有上万册的藏书，孩子们也有自己的小小图书室。图书室在二楼丰子恺卧室的后半间，是他亲自给孩子们准备的阅读空间：四只在杭州定做的绿色小书架，书架上放满了供孩子们阅读的各类读物。闲暇时丰子恺还会和孩子们一起做纸工，用纸话筒隔墙对话；还有唱歌、排平剧（京剧）等，这些都是孩子们喜欢的活动。

丰子恺一生著作甚丰，创作漫画六千余幅，文学创作三百多万字，英、日、俄译著近六百万字，书法作品更是难以计数。

尽管丰子恺成就斐然且作品数量可观，但他始终不遗余力地关心儿童教育，挤出时间陪伴孩子们成长，将陪伴孩子们玩耍视为人生一大乐趣，在他的心目中，儿童享有与神明、星辰、艺术同等崇高的地位。

（杨朝婴）

30. 独揽梅花扫腊雪

丰子恺的《少年音乐故事》，全书共收有十九篇文章，都是介绍乐理、乐谱及音乐知识的短文。因为此书是针对少儿的，所以丰子恺不是正襟危坐高高在上地讲课，而是把音乐知识融入一个个小故事中。最精彩的是开篇《独揽梅花扫腊雪》，作者形象地介绍了音阶的唱名。首先借孩子之眼描述了一幅画面："一片雪地里长着一株老梅，梅树上开着同雪一样白的梅花，一个老翁扶着扫帚倚在树旁。"

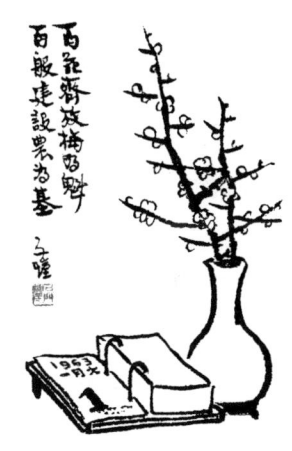

丰子恺《百花齐放梅为魁　百般建设农为基》

这场景正可用"独、揽、梅、花、扫、腊、雪"七个字形容，恰好对应音阶"1，2，3，4，5，6，7"，配上孩子眼中的画面，是那样的生动确切，绝对可以使人过目不忘，永记终生。

文学家徐迟对丰子恺的工作有如下评语："他的事半功倍的

工作是伟大的，没有他，中国音乐家哪有这样的成绩？"这个评价是中肯的，绝非铺张扬厉之说，在介绍、传播新的艺术理论，建立新的艺术观点方面，丰子恺做了大量的工作，做出了巨大的贡献，而且收到了伟大的成效。

丰子恺在音乐方面的一个卓越成就，就是参与复旦大学校歌的创作。2017年9月28日，复旦大学举行纪念恢复高考四十周年暨77、78级毕业生返校日活动。纪念大会结束前，主持人宣布，全体起立，高唱1926年由刘大白作词、丰子恺作曲的复旦校歌……顿时，会场里涌起一阵惊喜和激动。这首2005年百年校庆时才恢复使用的老校歌，对于77、78级复旦学生来说，既陌生又亲切："复旦复旦旦复旦，巍巍学府文章焕；学术独立思想自由，政罗教网无羁绊，无羁绊前程远，向前、向前、向前进展。复旦复旦旦复旦，日月光华同灿烂。"

自2010年丰子恺旧居开放后，只要复旦的师生来到旧居参观，看到墙上这首复旦校歌，并听到电脑中播放的令人激动的旋律时，都会情不自禁地跟着唱起来。这时，大家会更深深怀念刘大白、丰子恺这些老艺术家。

（吴达）

31. "现在谁管我啊？"

丰子恺的漫画《一人出亡十人归——复员相之一》，画的是他们一家在抗战胜利后的1947年，几经周折后回到南方的情

丰子恺《一人出亡十人归——复员相之一》

景。"一人出亡"指的是病逝于重庆沙坪坝的丰子恺的岳母。抗日战争全面爆发后,日寇野蛮轰炸了毫无防守的丰子恺的家乡,他的住宅近处就有炸弹爆炸,而这一天他70岁的老岳母正在他家串门,这样便与他们一同匆忙地踏上了逃难之路。

踏上逃难之路时家里有四女二男六个孩子,途中又有小儿子出生。这个孩子丰子恺原来取的名字是丰新条,这是因为他在途中看到一棵大树,虽已被砍伐,却又萌发出条条新枝。但他的大女儿丰陈宝说"新条"不好听,不如叫"新枚","枚"的意思是枝干,丰子恺采纳了这个意见。

丰子恺夫人徐力民生孩子后总是没有奶水,所以请了奶妈,不够时加炼乳。新枚由大姐丰陈宝和三姐丰宁馨轮流带,那时,小新枚只会"恩狗,恩狗"地喊,由此而得了"恩狗"的乳名。

丰子恺《恩哥》

逃难路途艰辛,丰子恺既要担任教职,教学生绘画与音乐,又要绘画、写散文,有时还要带领学生画抗战漫画、贴抗战标语,而他的夫人徐力民既要管一家人的吃饭,又要管家里的缝补洗涮,这样,恩狗的养育就由他的四个姐姐和两个哥哥轮流负责。

恩狗一岁三个月时,开始学走路。在思恩时,全家吃中饭,地上铺一条席子,让恩狗坐在上面,把丰子恺的手杖给他,再给他一个吃完了的炼乳罐头,让他用手杖拨弄,全家就安然吃饭。可是恩狗不照顾大家,往往就在这时,大家会闻到一股臭味,于是由当值的人赶紧把他抱到厕所里去处理。

后来恩狗略大一些会讲话时,常常会问:"格歇嘎宁管我啊?"丰子恺一家虽然逃难在外,在家里却一直讲石门话。恩狗这句话的意思是:"现在谁管我啊?"可见他已经知道家里有轮值制度。

丰子恺喜爱孩子但从来不溺爱,会合理分配各个孩子的职责,而由几个半大的孩子来管小儿丰新枚,稍不留意就会闹出一些笑话。

丰子恺《脱鞋》

丰子恺《搬凳》

(杨子耘)

32. 亲子教育"和谐""慈贤"会

"和谐""慈贤"与亲子教育有什么关系?原来这两个词与丰子恺家乡桐乡的方言"五元"和"十元"的读音接近,而这又是丰子恺家庭教育的一个重要部分。一开始是"和谐会",也就是买五元的糕点糖果,孩子们一边吃着糕点糖果,一边跟着丰子恺学习各种知识。后来物价上涨了,又改为"慈贤会",也就是买糕点糖果的钱增加到了十元。

这种家庭学习会每周六举行一次,据丰子恺的小女儿丰一吟回忆:"学习的内容很多。教我们学诗词古文当然也是内容之一。我现在自己看看诗词古文的书,觉得爸爸选给我们读的都是通俗易懂、内容精彩的好作品。除教诗词外，爸爸还给我们练习写作文。他先给我们讲故事，讲完后，要求我们凭记忆写下来。这种办法不仅能锻炼记忆，又能看出每个人的表达能力。这方法很能锻炼学生的写作能力。"

由于孩子们有年龄差异，六个孩子最大的与最小的相差九岁，所以在这种学习会上学习的内容也是有差异并且由浅入深的。学习会坚持了很长一段时间，学习的内容既包括白居易写的诗、《幼学琼林》以及《千家诗》等，也包括《古文观止》《论语》《孟子》等。有些诗文中的绝句、警句等，丰子恺还会抄下来，写成条幅贴在墙上，让大家反复诵读，加深记忆。

丰子恺教孩子念古诗词或古文，都是拉着调子吟唱，有点像唱歌，而且是用浙江桐乡的方言吟唱。像《滕王阁序》《古诗十九首》《长恨歌》《琵琶行》《新丰折臂翁》等较长的古诗文，用方言吟唱，很快就可以背出来。这种吟唱方式，是丰子恺父亲教的，还是小时候私塾老师教的，或者是丰子恺的家乡，也就是古时候的吴越交界地区流传下来的民间吟唱，至今还是个谜。但不管怎样，丰家从这种吟唱方式中受益匪浅。丰子恺的六个孩子都是用这种方式学习古文和古诗词的，他们又教给了第三代。后来在逃难途中出生的丰新枚，平常听惯了哥哥姐姐们的吟唱，也会跟着唱几句，尤其是当大家唱白居易的《新丰折臂翁》，唱到"应作云南望乡鬼，万人冢上哭呦呦"时，话也说不清的新枚会适时高八度拉长调子唱起"哭……呦……呦……"这件事后来一说起，就成为家人们的笑料。

除了这种每周一次的"和谐会"或"慈贤会",还有每天傍晚称为"夜课"的亲子教育时间。"夜课"的内容是朗读一些范文,如丰子恺的老师夏丏尊翻译的意大利作家亚米契斯的《爱的教育》。这是一本日记体小说,丰子恺曾为夏丏尊的译本画封面与插图。这本书的内容用一个字来概括就是——爱,这正是夏丏尊先生的办学理念,也是以儿童为本位的丰子恺的教育思想,所以用来朗读给孩子们听是非常合适的。

丰家的一群孩子接受中等教育的时候正是抗日战争时期,在居无定所的情况下,靠丰子恺的这些家庭教育,有几个孩子在20世纪40年代初顺利考入当时西迁遵义的浙江大学和重庆的中央大学。

(宋雪君)

33. "邮票划掉"及其他

在新发现的丰子恺1973年11月致出版家、编辑常君实的信中有这样一段:

> 今有一事奉托:我的四岁幼孙,住在石家庄,爱吃巧克力。而当地难买,上海很多但不能邮寄。知道北京是可以邮寄的。(数月前曾托人寄过一次。)
>
> 现在附上十元,烦你买了,用包裹邮寄:

> 石家庄华北药厂学校沈纶（幼孙之母）收

懒得开汇票，免得你去领款，所以将钞票附在此信内，并将三张四分邮票划掉，代汇费。

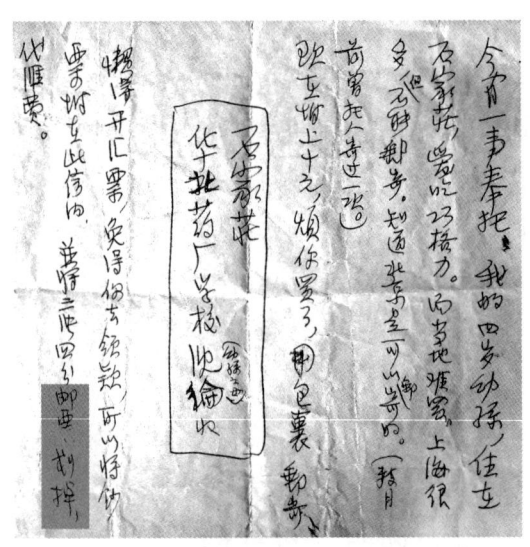

丰子恺1973年11月致常君实的信

这封信的内容是丰子恺托北京的常君实先生代购巧克力并邮寄给石家庄的幼孙丰羽。对于遇热会融化的巧克力上海不能邮寄，而北方天气寒冷是可以的，所以委托常君实先生在北京代购并邮寄。读到信末看到"邮票划掉"四字，这对于读者来说也许不太容易理解，有必要做一些说明。

在那个年代，汇款只能去邮局填写汇款单，然后排队办理。这样做既费时又费力，有个更简易的办法就是把钱直接夹入信件邮寄，只要附近有邮筒就可以解决，只是邮寄平信容易遗失，一旦丢失，风险只能自行承担。丰子恺愿意承担这个风险，看似事情就这样圆满解决了，那么，"邮票划掉"又是怎么回事呢？在丰子恺看来，没有去邮局办理汇款确实很方便，但有"揩国家油"之嫌疑，这是他所不愿意的。于是便拿出相应面值的邮票用笔划掉，以示盖销。

这种气节受他的老师李叔同先生的影响颇深。丰子恺对李叔同的评价是"十分像人的人"，他说："凡做人，在当初，其本心未始不想做一个十分像'人'的人，但到后来，为环境，习惯，物欲，妄念等所阻碍，往往不能做得十分像'人'。其中九分像'人'，八分像'人'的，在这世间已很伟大；七分像'人'，六分像'人'的，也已值得赞誉，就是五分像'人'的，在最近的社会里也已经是难得的'上流人'了。像弘一法师那样十分像'人'的人，古往今来，实在少有。所以使我十分崇仰。"李叔同先生就是个做事很认真的人，在浙江省立第一师范学校任教时，上课前他把要写在黑板上的内容都预先写在重叠的两块黑板上，用完一块推开再用第二块，一点儿也不浪费上课的时间。上课铃没响李先生早已"端坐在讲坛上'恭候'学生，因此学生上图画、音乐课绝不敢迟到"。正是有李叔同这样的老师的言传身教，才造就了像丰子恺这样的文学、艺术、翻译大家。

从"邮票划掉"这样一件小事中，反映出的是一种品德，一种严谨做事、认真做人的品德，也是丰子恺留给后人的重要精神遗产。

（杨朝婴）

34. "父债子还"

——赵超构与丰子恺、丰一吟父女两代人的故事

赵超构的名字大家可能不太熟悉，但他的笔名"林放"却家喻户晓——他是著名报人、新闻记者、专栏杂文作家。他长期主持《新民报》《新民晚报》的笔政，他写的专栏"未晚谈"是中国新闻史上坚持时间最长、跨度最大的一个杂文时评专栏，也是他人格、文格、报格的结晶。

有人评价说，赵超构和丰子恺都是眼睛往下看的人。赵超构为最普通的老百姓写文章，丰子恺则为最普通的老百姓画画。赵超构和丰子恺的交往，始于丰子恺题赠赵超构的《石川啄木小说集》，这本书现在还展放在赵超构故里浙江省温州市文成博物馆的"赵超构书房"里。

那么丰子恺在与赵超构的交往中欠下了什么样的"债"呢？这话要从20世纪60年代初的肖塘说起。肖塘在上海郊区奉贤县，当时叫肖塘人民公社，现在是奉贤区肖塘镇，地方不大，当时却是华东局上海市委抓农村工作的重点——1961年上海市委号召干部和广大知识分子深入群众，与群众同甘共苦，组织大家到肖塘公社考察参观。丰子恺与赵超构被分在同一个小组，就在这次活动中，丰子恺对赵超构讲起他正在翻译《源氏物语》的事，还说如果出版一定送他一部。丰子恺一生虽翻译了许多文学作品，但对《源氏物语》特别走心和偏爱。

早在1921年丰子恺留学日本时，就想把《源氏物语》译成中文，他后来回忆："记得我青年时代，在东京的图书馆里看到古本《源氏物语》。展开来一看，全是古文，不易理解。后来我买了一部与谢野晶子的现代语译本，读了一遍，觉得很像中国的《红楼梦》，人物众多，情节离奇，描写细致，含义丰富，令人不忍释手，读后我便发心学习日本古文。"一部《源氏物语》激发了丰子恺学习日本古文的愿心，可见丰子恺对《源氏物语》的喜爱程度。后来到1961年，当接到人民文学出版社邀请他翻译《源氏物语》的任务时，他非常高兴，终于能实现四十年前的愿望了。

就在那段时间，丰子恺在自己的文章或信件中多次提到他翻译《源氏物语》的事，他说自己是老而益壮，年近古稀，还能精神抖擞地担任世界古典巨著《源氏物语》的翻译工作。丰子恺女儿丰一吟回忆说："从1961年8月开始，爸爸全身心地投入了日本古典巨著、世界最早的长篇小说《源氏物语》的翻译工作……爸爸翻译时以古文本为基础，参照各个现代语译本。为了选择用哪种文字风格来翻译，他考虑良久。最后决定使用现代白话文参照《红楼梦》的风格。"那一年，丰子恺在参观江西革命根据地途中心情大好，填了一首《浣溪沙》词，其中写道：

饮酒看书四十秋，功名富贵不须求，粗茶淡饭岁悠悠。

彩笔昔曾描浊世，白头今又译《红楼》，时人将谓老风流。

这里所说的《红楼》，就是指《源氏物语》，诗句有点自嘲的味道，但可见丰子恺当时的心情。当他在肖塘遇到赵超构时，忍不住将这件好事告诉了老朋友，并说将来出版后一定赠送他一部。

到了1984年，赵超构在给丰一吟的一封信中说道："一次和沈毓刚同志谈起子恺先生的事，我无意地说起某年在奉贤肖塘公社参观时，丰先生谈起这部'日本的红楼梦'，说如果出版一定送我一部。"以丰子恺为人的品格，这一言既出的"债"是定当要"还"的，就像他当年答应恩师弘一法师完成《护生画集》那样："世寿所许，定当遵嘱。"但他这次的承诺却是"世寿不许"了。

丰子恺艰难又饶有兴味的翻译工作从1961年开始，共花了四年一个月又二十九天，于1965年11月将《源氏物语》全稿译毕交付，还未及付梓，就被半年后爆发的一场史无前例的政治运动打断。1975年9月丰子恺病逝，而《源氏物语》一直到1980年才陆续出版，连丰子恺自己也都没等到《源氏物语》译本的问世。"世寿不许"了，丰子恺要还的"债"，成了他的遗愿。

可是当年丰子恺对赵超构在肖塘说的话，并没有告诉其他人，连家里人也不知道。赵超构信中说到的那位沈毓刚也是一位知名报人，与赵超构在《新民晚报》共事，一次他见到丰一吟，也是闲聊，就把赵超构的话转告给了丰一吟。一句闲聊的话却深深扎进了丰一吟的心中，丰一吟决定帮助父亲实现遗愿，于是她马上就将《源氏物语》三卷全译本奉赠给赵超构，赵超构收到后非常感动,在回信中说:"承赠《源氏物语》三卷,先后都收到了,一并致谢。……我料不到毓刚同志会把我的话传到您那里去的,当然也料不到您竟是那么认真,真的做到'父债子还'的。"赵超构"父债子还"这四个字是对丰子恺老友的缅怀,是对丰一吟"那么认真"的表扬,更是对丰氏好家风的赞美!

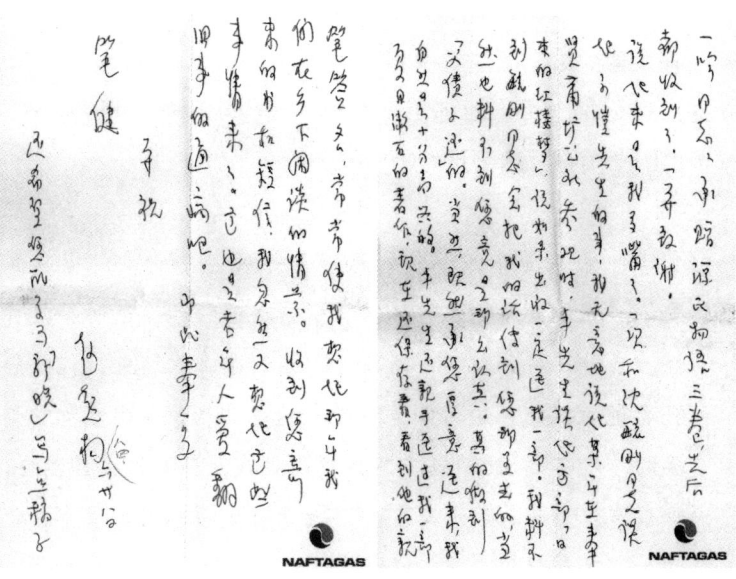

赵超构给丰一吟的信

丰子恺祖籍金华市汤溪镇黄堂村,其祖居为"全德堂",后举家迁至桐乡市石门镇,居于老宅"惇德堂",从"全德"到"惇德",丰家传统的家风家教都离不开一个"德"字,始终秉持做事诚信、待人惇朴、处世厚德的理念,丰子恺继承发扬了传统美德中的"士先器识,而后文艺"的家风和师训,同样以"道德为先,德育为美"的准则来教育子女后代,因此丰家后代个个都很优秀,而"父债子还"的丰一吟堪称典型代表。

(吴达)

35. 会哇哇叫的钱

有人曾经给丰子恺看手相,说他存不了钱,因为他的五指并拢以后,每个手指间都明显有缝,钱会从这些缝里漏掉的。丰子恺听了笑称:这倒是的喏。

> 平生不善守钱。余剩的钞票超过了定数,就坐立不安,非想法使尽它不可。缘缘堂落成后一年,这种钞票作怪,我就在杭州租了一所房子,请两名工人留守,以代替我游杭的旅馆。这仿佛是缘缘堂的支部。旁人则戏称它为我的"行宫"。他们怪我不在杭州赚钱,而无端去作寓公。但我自以为是。古人有言:"不为无益之事,何以遣有涯之生?"我相信这句话,而且想借庄子的论调来加个注解:益就是利。"吾生也有涯,而利也无涯,以有涯遣无涯,殆已!已而为利者,殆而已矣!"所以要遣有涯之生,须为无利之事。

丰子恺的率性、纯真,一直被传为美谈。"可能外人看到的更多是父亲成就的一面,但人总是人,不是神,其实他有很任性的一面。"丰一吟微笑着说。她说,正是这种任性,让他打破常规,用毛笔和宣纸画漫画,文风也很不拘一格,而他生活中的任性,也有许多趣事留在女儿的记忆中。

丰一吟说,对金钱没有概念的父亲,手里从来留不住钱。临到逃难,发现没有钱,他只好用孩子们的压岁钱。"过年给我们一个红包,当时我大姐'阿宝'18岁,有18块,我有9块。"说起往事,丰一吟女士不禁莞尔。

还有一次,丰子恺心血来潮,包了小汽车从上海直奔海宁观潮。"爸爸说,钱在口袋里叫了,快去花掉它。"后来,丰子恺又看中了上海的"日月楼",当时要6000元,相当于现在30万元。他于是向妻子儿女借了钱"顶"下来,却不料突然生病,住院都没钱了。"这一次后,爸爸觉悟了,觉得幸亏没死,否则对家人不负责。"

丰一吟是丰子恺的第六个孩子,与经常出现在丰子恺画笔下的大姐"阿宝"、老四"软软"不同,她较少露面,但是父亲也为她画过画。丰一吟说,父亲对孩子的教育是放任自流的。她入国立艺专(现在的中国美术学院)学画,但对画画兴趣不大,倒是很喜欢京剧,还曾参加演出。后来在父亲的提议下学俄语,并成为一名翻译家。

20世纪80年代,丰一吟开始研究父亲的生平。在父亲身边长大的丰一吟,笑称一直不认为爸爸有多么伟大,因为"身在此山中",但自开始研究父亲,才知道他有多么了不起。

(杨子耘)

36. 小故事　大道理

丰家有尚德家风，在丰子恺祖籍地的金华汤溪的黄堂村，丰氏堂名就起名为"全德堂"；而桐乡石门丰氏的堂名则是"惇德堂"，都取敦厚、善行的意思，时时告诫子孙，为人要仁义正直。丰子恺从小践行祖训，后来又受恩师李叔同的教诲，一生身体力行，努力去做一个"十分像人的人"。

（一）

丰子恺在杭州浙江省立第一师范学校毕业后，就到上海教书，1921年东渡日本游学，在东京学习绘画、小提琴、日文。有一天黄昏，他和朋友们出门散步，夏夜凉爽，大家兴致很好。此时路遇一位佝偻的老妇人搬着很重的东西，显然力不从心，她便要求走在最后的一位朋友帮忙。这似乎坏了朋友的兴致，遭到断然拒绝。丰子恺和朋友们走在很前面，虽然没看到这一幕，但大家都不说话，心情已经明显没有出门时那么从容安闲。之后丰子恺每次回想起这件事，总觉得很有意味，这位老妇人在大街上如此要求陌生人帮忙，这是误把陌路当作家庭了。但是，假如真能像这老妇人所希望的有这样一个世界：天下如一家，人们如家族，互相亲爱，互相帮助，这是多么可憧憬的世界！

（二）

1933年春，丰子恺用积攒多年的稿费在桐乡石门镇建起了一座三开间二层新屋——缘缘堂。这幢建筑采用中国式风格，单纯明快、高大轩敞，具有深沉朴素之美，一切奢侈、烦琐、无谓的布置与装饰概不采用，整座房子方正正直，如同丰子恺的为人，深得他的喜爱。

其实造屋时曾走过弯路，当时工人们为了多得面积，想当然地将屋子顺着斜斜的小路建造，结果成了不规则形。丰子恺得知后，宁可多花费数百元也要拆掉重造。拆墙那天，丰子恺让上学的孩子们统统回来，亲眼看着这幢房子由歪斜改为正直，体会其内在的含义，这在全镇传为奇谈。

丰子恺确信环境支配文化，只有这样光明正大的环境，才适合他的胸怀，可以涵养孩子们的好真、乐善、爱美的天性。建造缘缘堂，丰子恺只费了六千金的建筑费，"但倘秦始皇要拿阿房宫来同我交换，石季伦愿把金谷园来和我对调，我决不同意"。

（三）

1933年的一天，缘缘堂里孩子们正在温课，一片沉静。忽然楼下有小鸡担"咿哟，咿哟"打破了平静，孩子们立刻兴奋地冲出门去看小鸡，一致要求爸爸买小鸡。挑担人见小孩子心情迫切便顺势开了个高价，爸爸屡次还价不成，孩子们开始哭闹，那挑担人见状更不肯让价了，挑起担子就走。丰子恺很想对孩子们说"看见好的嘴上不可说好,想要的嘴上不可说要",但这不是教孩子别说实话?丰子恺认为:"人在儿童时代都是天真的。年纪渐大,受恶劣环境的逼迫,渐渐虚伪起来,变成口是心非,言不由衷。这是人类社会中最可悲的一种缺陷。人类社会中有这种缺陷,致使作父亲的人教导子女时左右为难,教他们虚伪诈骗,良心不许可。教他们天真,诚实,势必使他们大吃其亏。因为人的生活中,类于买小鸡的事很多。"那到底是教孩子们努力练习虚伪呢?还是教他们努力做个诚实的人呢?这真是个难题。

(四)

1935年春天,一辆黄包车在西湖边疾驶,车上坐着丰子恺。他一身蓝布衣,配上时髦的墨镜,长须随风飘飘,很引人注目。忽然路边出现一个军人,他在丰子恺毫无防备的情况下"啪"的一声靴子一碰,朝丰子恺立正、举手,行了一个有声有色的敬礼。丰子恺以为这个敬礼是冲着他身后某一个长官的,于是不动声色不予理睬。待和行礼者擦肩而过后,转头看去后面并没有车也没有行人,看来这位军官是认错人了。极有可能丰子恺这身打扮像极了他的上级军官,所以受到如此优厚待遇。敬礼者悟到认错人后,恼羞成怒,狠狠地回头骂了一声"妈——的",而此时的丰子恺非但不生气,还忍不住笑了起来。他盘算了一下:"世间的荣辱是数学的,则'我 + 敬礼 - 妈的 = 我'同'3+1-1=3'一样,在我没有得失,同没有这回事一样。……世间的毁誉荣辱,有许多是这样的。"

（五）

　　20 世纪 20 年代，日本友人内山完造在上海四川路开了一家"内山书店"，店主夫妇结交了不少中国进步文人，丰子恺就是其中的常客，他还在这里认识了仰慕已久的鲁迅先生。内山完造是中国人民的好朋友，帮过中国人不少忙。抗战初期，丰子恺的恩师夏丏尊先生曾被日本宪兵抓去，多亏内山完造从中斡旋才得以释放。所以，尽管丰子恺的缘缘堂被日机炸毁，全家被迫流离失所，但丰子恺对内山完造并没有出格的言行，因为这一切不是他的错，都是日本政府和日本军队造成的。日本战败投降后，内山完造的日子很不好过。抗战胜利后第二年，丰子恺要购买一套二十卷的《夏目漱石全集》，那时店里正好有，但缺了三卷，内山完造开了个低价，法币一共十七万元，合每本一万元。不久，丰子恺收到所缺三卷中的一卷，但明明是一万元，丰子恺却奉上了十万元，并称："这部全集实在过于便宜，因此奉上十万元，尚希收下。"其实，丰子恺是看到内山完造独自一人苦心经营着一家旧书店，想要用另一种不失尊严的办法来帮助他。

（六）

　　丰子恺一家逃难回到江南，住在杭州半年多。他曾在杭州民众教育馆两次参加画展，每次借出两幅漫画，由于送展的画是自己珍藏的，他特地叮嘱借画人务必小心保管。尽管借画人信誓旦旦作保证，可偏偏不巧，两次画展都遭窃手，每次丢失一幅，白白损失了两幅画。丰子恺略有不快，可又觉得窃画与窃书属于同类，不能跟一般劫财或贪污相比。再说了，孔乙己也说过"窃书不算偷"，就算送他吧。其实画展上别的画家画价更高，但窃画人偏偏对丰子恺的漫画下手，说明他不是为利，而是真心喜欢又无力购买。丰子恺坦荡地表示："这人是我的知己，我愿意替他偷得的画题一上款'某某仁兄大人雅正'，以酬劳他的辛苦和冒险。"

（杨朝婴）

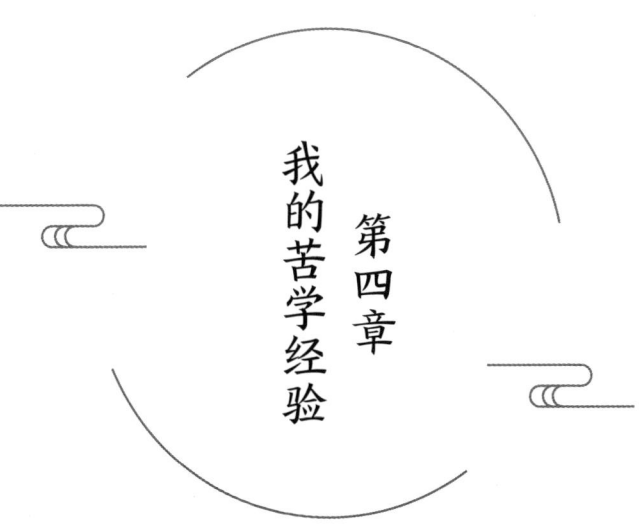

第四章 我的苦学经验

37. 爸爸的教育和妈妈的教育

丰子恺在浙江省立第一师范学校读书时，有两个人对他影响巨大，那就是李叔同和夏丏尊，丰子恺称他俩的教育是"爸爸的教育"和"妈妈的教育"。

丰子恺随李叔同学习绘画与音乐，通过这两门艺术类的教学，李叔同让丰子恺学到了"认真"二字。每次上音乐课，当大家走进教室，会发现李先生早已端坐在讲台上，讲桌上放着点名簿、讲义、教课笔记簿、粉笔等。琴盖已打开，乐谱摆得很端正，琴头上一只计时表闪着金光，直射入同学们的眼中，两块黑板上已写好本课内所有应学的内容。李先生站起身，向大家深深一鞠躬，便开始讲课。

李先生用这样的态度来教音乐，因此上音乐课时，大家都比上其他课更认真专注；同时大家对音乐教师李叔同先生的敬仰之情也远胜于其他教师。

李叔同出家以后，更是用他的"认真"感化与他交往的每一个人。有一次，丰子恺给弘一法师寄去一卷宣纸，请他写佛号。宣纸数量很多，所需书写的佛号不是很多，弘一法师便来信询问多余的宣纸如何处置。丰子恺原本就多备了一点儿，打算由法师随意处置的，但事先并未说明，因此这些纸的"所有权"就有些模糊，而弘一法师非要问明不可。丰子恺连忙回信表示，多余的纸赠予法师，请法师随意处置。又有一次，丰子恺寄去了回件邮票，但多了几分，弘一法师就把多余的几分邮票寄回了。诸如此类，一般人都比较马虎的细小地方，弘一法师都要十二分认真对待。

丰子恺在《李叔同先生的教育精神》一文中也说："李先生的确做一样像一样：少年时做公子，像个翩翩公子；中年时做名士，像个风流名士；做话剧，像个演员；学油画，像个美术家；学钢琴，像个音乐家；办报刊，像个编者；当教员，像个老师；做和尚，像个高僧。李先生何以能够做一样像一样呢？就是因为他做一切事都'认真地，严肃地，献身地'做的原故。"

弘一法师给丰子恺树立了一个极好的榜样，每做一种人，每从事一种职业，都是认认真真地去做，都是做到极致。所以，作为学生的丰子恺，也有不少相似之处：做学生是个优秀学生，做老师是个好老师，做作家能写好随笔，做画家是个名画家，做书法家能写一手好字，做译者也是一名优秀的翻译家……

夏丏尊也是丰子恺十分尊敬的师长。丰子恺在《悼夏丏尊先生》一文中写道："夏先生与李先生对学生的态度，完全不同，而学生对他们的敬爱，则完全相同，这两位导师，如同父母一样，李先生的是'爸爸的教育'，夏先生的是'妈妈的教育'。"

在学校里，夏丏尊事无大小，几乎什么事都要操心。他看见年纪小的学生戏弄狗，会说："为啥同狗为难！"放假的日子，学生们要出门，他看见后又要喊："早些回来，勿可吃酒啊！"即使学生走远了，他还要高声大喊："铜钿少用些！"夏丏尊关心学生，于是学生也都信任他，遇到有向学校请愿的事情，学生们都愿意去找他，若是他觉得学生的意见合理，便会当作是他自己的意见，想方设法去交涉。

夏丏尊是丰子恺的国文老师，那个时候，五四运动将近，学生还没有摆脱八股文的影响，作文题目也都是《黄花主人致无肠公子书》（其实就是"菊花写信给螃蟹"）之类的空话连篇的官样文章。夏丏尊就在这时竭力主张改革，要求学生写文章不许讲空话，要老实写。丰子恺从此知道了原来写文章也不必照老一套规定写，而是可以想什么就写什么。丰子恺的《缘缘堂随笔》及其后续诸多作品，与老师夏丏尊倡导的革新教学方法密不可分。为此，丰子恺在《悼夏丏尊先生》一文的末尾还写道："以往我每逢写一篇文章，写完之后总要想：'不知道这篇东西夏先生看了怎么说。'因为我的写文，是在夏先生的指导鼓励之下学起来的。"

夏丏尊对丰子恺的影响是多方面的，不仅对丰子恺的写作起到了决定性作用，还在丰子恺漫画的发掘与风格的转变中提供了关键性的指导。

（杨子耘）

38. 日本游学受挫记

出国留学，对于一个人、一个家庭，甚至一个家族，都是一件大事。丰子恺从杭州第一师范学校毕业后，便受邀到上海担任上海专科师范学校教员。授课期间，丰子恺深刻地意识到自己关于艺术理论、关于绘画的专业知识还有所欠缺，于是打算到东京进一步深造。

为了筹集留学的经费，不仅卖了祖宅，还向自己的姐夫等人借了债，但筹措到的费用也只够十个月的开销，所以丰子恺的留学，按他自己的话说，只能算作"游学"："这一去称为留学嫌太短，称为旅行嫌太长，成了三不像的东西。"但在这短短的十个月时间里，他却学到了很多很多。

在前五个月中，他上午学习绘画，下午学习日语。到了后五个月，他停止了日语学习，利用各种时间游玩名胜古迹，听音乐会、看歌剧，并用晚上的时间学习小提琴，甚至逛地摊，到旧书铺淘旧书。他说："我只有区区十个月的求学时间，决不济事，不如走马看花，吸呼一些东京艺术界的空气而回国吧。"

在"吸呼一些东京艺术界的空气"时，丰子恺发现日本生产的儿童玩具又新颖又精致，而玩具这种东西，又是美术、教育和工业生产三者密切合作的产物，所以他觉得有必要参观一下生产玩具的工厂。丰子恺印制了名片，又设法从使馆的朋友那里弄了封介绍信，挑了一家有规模的生产玩具的工厂后，便兴冲冲地前去参观。来到工厂，他递上名片和介绍信并说明了来意，谁知负责接待的那位经理脸色阴沉地说："厂里有规定的，这里谢绝参观。"

丰子恺《玩具工厂》

回到住处，丰子恺把这

趟不愉快的经历告诉了一个跟随他业余学习小提琴的日本人。这个日本人听了便问:"你有没有送礼物给他?"丰子恺觉得奇怪,素不相识第一次见面,就要送礼物?日本人笑道:"你毕竟是中国人,不知道日本人的性情,日本人是很重情面的。你明天买一点儿礼物,再去访问那经理,他一定会欢迎你进去参观。"

丰子恺怎么也不敢相信,日本人竟然是这样的。这出戏到底该怎样演?会不会再次受挫?在这位日本朋友的再三鼓动下,他还是怀着将信将疑的心情,花五元钱买了一份糖果礼盒,又来到这家工厂。看到上次接待自己的那个经理阴沉着脸走来,丰子恺连忙硬着头皮递上准备好的礼品,就在这时,奇迹出现了,这位经理居然立马笑逐颜开,双手接过糖果,口中更是客套话连连。这位经理最后说:"先生是要参观我们的工厂吗?我们本来是谢绝参观的。不过,先生这样热心,又这样客气,我们破例请你参观。"

就这样,丰子恺以五元钱的代价,参观了这家玩具制造厂,亲眼目睹了日本当时制作精美玩具的全过程,同时也满足了自己的求知欲。

(杨子耘)

39. 圆圈与直线的故事

丰子恺在日本不到一年的短暂"游学"归来以后,"为了生活所迫,不得不做教师"。1922年2月,上海专科师范学校开学,丰子恺担任图画主任。在他任教的班级中,有陶元庆与钱君匋两位学生,他们后来都成了封面设计的大家。

虽然陶元庆以封面设计闻名,但他从来不以封面设计家自居,更愿意大家把他看作一位画家。对他而言,封面设计只是闲暇时的兴趣爱好。陶元庆在封面设计领域声名鹊起,始于为鲁迅译作《苦闷的象征》设计的封面。抽象的画面上是一个披着长发在压抑中拼命挣扎的裸女,那略带恐怖的画面和暗藏悲哀的忧郁线条,很好地阐明了《苦闷的象征》一书的内容。巧的是,丰子恺与鲁迅同时翻译了《苦闷的象征》这本书,于是陶元庆陪同丰子恺来到鲁迅家,就两人同时翻译了一本书作说明。那天到达鲁迅家时,已是上午十点多了,鲁迅还躺

陶元庆为鲁迅译作《苦闷的象征》设计的封面

在床上,之后拥着被子和他们交谈。丰子恺清楚地记得鲁迅先生当时的谈话:"人家说我动笔就骂人,我躺着不动笔,让他们舒服些罢!"一席话说得大家笑了起来。告辞出来的时候,陶元庆对丰子恺说,还是让他躺着吧,这样可以多想出些文章来。

陶元庆为鲁迅设计的另一个封面是《彷徨》。鲁迅看了设计稿说:"实在非常有力,看了使人感动。"图书出版后,这一封面引发了不少的评议:这画好就好在那个太阳,大大的,还

陶元庆为鲁迅《彷徨》设计的封面

不太圆,一副抖抖颤颤落下去的样子。也有人议论说陶元庆连太阳都画不圆。陶元庆也不争,却来告诉丰子恺,他幽默地说:"他们以为我连两脚规都不会用。"这时的丰子恺也有同样的烦恼。有一次他请人制作画笺,用毛笔细细描绘出一个方框,再手书"缘缘堂画笺"五个字,请刻字店师傅刻版子。这位师傅见所描的线有点弯曲,便对丰子恺说:"我能为你刻得十分平直,一点没有弯曲,比原稿好看得多。"丰子恺连忙谢他道:"这个使不得!我欢喜它弯弯曲曲的,千万请你照墨迹刻,否则我不要它。"这时,师傅脸上显出诧异之色,他一定也是在怀疑,这个人怎么连尺子都不会用。

后来丰子恺写下《艺术上的矛盾律》一文阐述了艺术与科学的关系。他写道:"'美术的线'(artical line),是与'几何的线'相对待的称呼。二者之所异:几何的直线用米突尺画,几何的圆形用两脚规画,是精确的,机械的,科学的。美术的直线与圆则用手画,是随意的,自然的,艺术的。试看写生画里的直线,局部弯弯曲曲,而全体大致平直;有一根描歪了,添描一根上去,与前者并存,这改窜不碍画面的美,反而另添一利,自然之趣。写生画中的圆,自然也不会浑圆,处处有角可寻,然比用两脚规画的另有一种趣味。"

这就是丰子恺先生阐述的相互对立的艺术与科学,美术与几何。对于艺术来说,就是需要这种不圆之圆、不直之直。

(杨子耘)

40. 丰子恺从竹久梦二那里学到了什么

丰子恺在1975年1月写给香港作家、丰子恺早期研究者卢玮銮女士(笔名小思、明川)的信中说:"鄙人一向景仰竹久梦二,昔年曾在东京收集其画集,至今宝藏在家。而拙作《子恺漫画》实师法于梦二。"那么,丰子恺从竹久梦二那里到底学到了什么?

画面布局与画题

丰子恺早年在日本"游学"期间,专门腾出时间"吸呼一些东京艺术界的空气",有一天他在地摊上"淘"到了一册竹久梦二的《春之卷》。几乎可以说,正是竹久梦二的《春之卷》奠定了丰子恺绘画艺术的方向,这本书成就了丰子恺,也成就了"子恺漫画"。

一般来说,学画从临摹开始,继而进行写生练习,最终在写生基础上实现创作。临摹的第一步是"像",是要克服临摹者的自我个性、风格与表现欲,然后才是学习和研究绘画技法,找出适合自己的绘画表达方式。丰子恺从李叔同先生学习绘画,早已熟习临摹与写生,如今他"师法于梦二"时,虽看似"仿作"或者"借鉴",却能充分展现其个人审美与独特个性,甚至可视为一种自我提升。

丰子恺"仿作"竹久梦二的漫画,是在他的第一本画集《子恺漫画》(1926年版)的封面上。这幅画仿的是竹久梦二早期作品《春之卷》里的《春雨》。我们可以看到,同样是圆形构图,同样是木桥,同样是垂柳,同样是桥上有游人,两幅画却有相当大的差异。梦二桥上的两个日本女子被丰子恺改为一个男子,留出了一小片天空;桥桩也做了简化,由六根改为四根,在稳固的同时腾出些许空间;右下方画题《春雨》的删除同样可以腾出一些空间。这就是东方绘画中的"留白",也是丰子恺的审美与个性的体现。丰子恺认为:"简笔画的省略法,笔画的取舍很不容易。无关紧要的笔画应该省略,主要的笔画不可缺少。无关紧要的笔画倘不省略,其画芜杂,主要的笔画倘缺少了,其画不全。芜杂与不全,都是不得要领的。"

竹久梦二《春雨》

《子恺漫画》封面画

梦二的漫画是东西方绘画艺术的交集，鲁迅曾与丰子恺谈起美术方面的事，他"问丰子恺对日本美术界有什么看法，丰子恺表示自己喜欢竹久梦二和蕗谷虹儿的画风。鲁迅也表同感，他说：'……竹久梦二的东方味道浓，蕗谷虹儿的西洋风味多……'"① 也就是说竹久梦二的画风在东西方绘画风格交融的同时更偏向东方。这在他的画面布局上有所表露：笔法是东方的，画面的布局略微偏西方。丰子恺这样分析："中国画不重背景。例如写梅花，一枝悬挂空中，四周都是白纸。写人物，一个人悬挂空中，好像驾云一般。故中国画的画纸，留出空白余地甚多。很长的一条纸，下方描一株菜或一块石头，就成为一张立幅。西洋画就不然，凡物必有背景，例如果物，其背景为桌子。人物，其背景为室内或野外。故画面全部填涂，不留空白。中国画与西洋画这点差别，也是由于写实与传神的不同而生。西洋画重写实，故必描背景。中国画重传神，故必删除琐碎而特写其主题，以求印象的强明。"这就是在这幅圆形画面的小空间构图中"留白"的重要性，丰子恺的画面看上去更为简洁一些。

丰子恺在自己第一本画集封面上仿竹久梦二的画作，就是明确告诉读者他认同并崇敬竹久梦二的画风。

在漫画创作中，画题可以起到画龙点睛的作用，这在竹久梦二的《男人四十成恶汉》与丰子恺的《俑》这两幅画中即可看出：同样是斜靠在沙发上抽烟的"四十男子"，却因画题不同

---

① 丰一吟：《潇洒风神：我的父亲丰子恺》。

竹久梦二《男人四十成恶汉》　　　　丰子恺《俑》

而表现出完全不同的内容。竹久梦二的《男人四十成恶汉》是一个腰圆肥胖的男子，丰子恺的《俑》另外加了一个黑人木俑。画《俑》的时候丰子恺正在家乡建造缘缘堂，他特意建造了与石门这个古风小镇相协调的中式建筑，还配以中式家具，使内外调和。这时恰有一上海友人想买个木雕的捧茶盘黑人相送，丰子恺婉言谢绝：因为这家具与缘缘堂不调和——"以黑奴为俑，残忍而非人道。凡类于这东西的东西，皆不容于缘缘堂中"。丰子恺先生以这样一幅仿梦二的漫画，在表达自己美学观、人生观的同时，还顺便嘲弄了一番"四十恶男"。

这类例子还有很多。比如，画"写生"这个主题，梦二说："以前在郊外写生的时候，男孩叫我'书生'，女孩叫我'哥哥'。现在，不管是男孩女孩，都管我叫'叔叔'。"这是触景生情，感叹自己老了。丰子恺的画题是《写生的写生》，表现出完全不同的内容，它告诉我们，当你在写生的时候，你也在"被写生"。这幅画又引申出其他若干类似主题："欣赏与被欣赏"(《创作与欣赏》)、"吃与被吃"(《大鱼唼小鱼，小鱼唼虾蛆》)、"抱与被抱"(《二重人格》)……

丰子恺《写生的写生》　丰子恺《大鱼唼小鱼，小鱼唼虾蛆》　丰子恺《二重人格》

丰子恺的漫画就是这样，用标题来点出画面中隐含的另一层意思，这就是丰子恺所说的："我希望一张画在看看之外又可以想想。"

意到笔不到

写意画这种创作手法是中国画以及东方绘画的灵魂。丰子恺也认为写意与写实是东西方绘画的区别："东洋人学画取临摹或读画的方法，作画取写意的方法。西洋人学画取写生的方法，作画取写实的方法。因此画的趣味就完全不同。"丰子恺的漫画，主要取法写意手法，这种画法，可以说与竹久梦二的早期部分绘画如出一辙，也就是"惜墨如金""意到笔不到"的极简画法。

在竹久梦二的《春之卷》中就有一些漫画仅画了轮廓而没

有画眼睛，有时甚至连脸部轮廓也省略了，如《月见草般的你》和《故山之花》等。《月见草般的你》只画了嘴巴而没有画眼睛，《故山之花》表达的是一种思念之情："春去秋来，我等的人却迟迟未归。"这幅画不但没有画五官，连脸部的轮廓线也省略了，而这女子的所思所想却依然明确地表达了出来。

竹久梦二《月见草般的你》　　竹久梦二《故山之花》

丰子恺也是不画脸面的高手，他的《锣鼓响》与《阿宝赤膊》等画便是这方面的代表作。泰戈尔对丰子恺的漫画就曾发出这样的感叹："艺术的描写，不必详细，只要得到事物的精神即可。……用寥寥几笔，写出人物个性。脸上没有眼睛，我们可以看出他在看什么；没有耳朵，可以看出他在听什么。高度艺术所表现的境地，就是这样。"泰戈尔所言"高度艺术所表现的境地"，也即"东方绘画的灵魂"——写意。丰子恺在《锣鼓响》这幅画中并没有画锣鼓喧天的场景，而是通过孩子拉扯老人以及探望的神情，通过画题的点睛，热闹的场景便跃然纸上。

丰子恺在《漫画创作二十年》中这样概括："'意到笔不到'，真非欺人之谈。作画意在笔先。只要意到，笔不妨不到；非但笔不妨不到，有时笔到了反而累赘。缺乏艺术趣味的人，看了我的画惊讶地叫道：'咦，这人只有一个嘴巴，没有眼睛！''咦！这人的四根手指粘成一块的！'甚至有更细心的人说：'眼镜玻璃后面怎么不见眼睛？'对于他们，我实在无法解嘲，只得置之不理，管自读诗读词捕捉幻象，描写我的漫画。"

丰子恺《锣鼓响》

丰子恺《阿宝赤膊》

就这样，不画嘴巴眼睛的漫画，成了丰子恺漫画的一大特征。关于这种写意的象征的创作手法，丰子恺曾与梅兰芳做过探讨切磋，梅兰芳谈起他在莫斯科看表演，要表现的是投水：用一块大白布，让人拉住四角，动荡起来很像水波荡漾；布上开一些洞，演员一会儿跃入洞中一会儿又钻出来。梅兰芳说京剧里演《打渔杀家》就简单多了，根本不需要布，就用身体的上下起伏来表示波浪的起伏即可。丰子恺接过话茬说："平剧的象征的表现，我很赞善，为的是与我的漫画的省略的笔法相似之故。我画人像，脸孔上大都只画一只嘴巴，而不画眉目。或竟连嘴巴都不画，相貌全让看者自己想象出来（因此去年有某小报拿我取笑，大字标题曰'丰子恺不要脸'，文章内容，先

40. 丰子恺从竹久梦二那里学到了什么

把我恭维一顿，末了说，他的画独创一格，寥寥数笔，神气活现，画人头不画脸孔云云。只看标题而没有工夫看文章的人，一定以为我做了不要脸的事。这小报真是虐谑）。这正与平剧的表现相似：开门，骑马，摇船，都没有真的门，马，与船，全让观者自己想象出来。想象出来的门，马，与船，比实际的美丽得多。倘有实际的背景，反而不讨好了。好比我有时偶把眉目口鼻一一画出；相貌确定了，往往觉得不过如此，一览无余，反比不画而任人自由想象的笨拙得多。"为读者留下想象的空间，这与前述的留白相类似，在绘画中也有同样的效果。

诗情画意

竹久梦二是一位具有抒情性且富有诗意的漫画家，而丰子恺则是从小酷爱诗词。因此，丰子恺读了竹久梦二富于诗意的绘画作品，必定会产生共鸣。可以说，竹久梦二的《春之卷》为丰子恺指出了在绘画作品中糅入诗词，使作品蕴含诗情画意这样一条创作之路。

在竹久梦二的《春之卷》中，有不少诗意的画面，如《盼君来》，画面中一位日本女子正凭窗眺望，窗外是具有象征意义的一队大雁。丰子恺的《子恺漫画》中也有类似的漫画，如《燕归人未归》，画面是倚栏的女子，以及穿过画面而飞来的两只燕子。"燕归人未归"是中国古诗词中经常用到的句子，如宋人苏庠的《阮郎归·西园风暖落花时》、赵长卿的《菩萨蛮·日高犹恋珊瑚枕》、晏几道的《更漏子·槛花稀》、无名氏的《长相思·花满枝》等，都有"燕归人未归"的诗句。将诗句，尤其是古诗，用漫画来加以表述，也就成为丰子恺漫画的另一特色。

竹久梦二《盼君来》　　　丰子恺《燕归人未归》

对于绘画中的诗情画意，丰子恺曾这样评说："日本竹久梦二的抒情小品，使人胸襟为之一畅，仿佛苦热中的一杯冷咖啡。漫画给我的憧憬比一切艺术给我多，假使不妨以自己的好恶为艺术批评的标准，我定要说漫画是现代艺术的最精彩的产物。"丰子恺还这样评价竹久梦二："他的画风，熔化东西洋画法于一炉。其构图是西洋的，画趣是东洋的。其形体是西洋的，其笔法是东洋的。自来总合东西洋画法，无如梦二先生之调和者。他还有一点更大的特色，是画中诗趣的丰富。以前的漫画家，差不多全以诙谐滑稽、讽刺、游戏为主趣。梦二则屏除此种趣味而专写深沉严肃的人生滋味。使人看了慨念人生，抽发遐想。故他的画实在不能概称为漫画，真可称为'无声之诗'呢。"

丰子恺的漫画同样蕴含诗情画意，同样可以称为"无声之诗"，从一些文学大家对丰子恺漫画的评语也可看出对这种画与诗完美结合的赞赏。俞平伯曾说："您的画本就是您的诗。"丁衍镛说:"子恺君的漫画,充满了'诗'和'歌'的趣味。'诗歌'是子恺君的生命,就是子恺君漫画的生命。"朱自清说:"我们都爱你的漫画有诗意;一幅幅的漫画,就是一首首诗——带核儿的小诗。"丰子恺的小儿子丰新枚也说:"父亲对诗词的酷爱,已到了难以用笔墨形容的地步。他在晚年曾对我说,他死后只有一样东西舍不得抛弃,那就是诗词。他的古诗新画,被世人称为诗中有画,画中有诗。"

总的来说,在丰子恺六千余幅绘画作品中,"师法于梦二"的作品占比极小,但我们还是可以清晰地看出竹久梦二对丰子恺的影响。丰子恺在接受竹久梦二画风的同时,对于竹久梦二的一些绘画技法、构思、内容及思想进行了发挥创造,从而成就了中国绘画史上另类的、独树一帜的,又是大多数人喜闻乐见的一个新的绘画种类。这就是"师法于梦二"同时又得以提炼升华的子恺漫画。

(杨子耘)

41. 细腻与洒脱的结合:丰子恺与蕗谷虹儿的交会

朱自清先生在《〈子恺画集〉跋》中说道:"本集里有了工笔的作品。子恺告我,这是'摹虹儿'的。虹儿是日本的画家,有工笔的漫画集;子恺所摹,只是他的笔法,题材等等还是他自己的。这是一种新鲜的趣味!落落不羁的子恺,也会得如此细腻风流，想起来真怪有意思的！集中几幅工笔画，我说没有一幅不妙。"这种"工笔的作品"在六千余幅丰子恺漫画中所占的比率很小，却散发出江南民间的生活趣味，所以朱自清要说"没有一幅不妙"。

虽然在《子恺画集》中"蕗谷虹儿"的仅有十余幅，但这并不证明丰子恺就此摒弃了蕗谷虹儿工笔风的绘画技巧。丰子恺认为，世间的绘画可分为两类：一类是工笔的，一类是简笔的。又可分为四类：一、重形式而用工笔者为图案；二、重形式而用简笔者为速写；三、重意义而用工笔者为插画；四、重意义而用简笔者为漫画。就这样，丰子恺把"蕗谷虹儿"的画风与自己的漫画画风相结合，用作他的封面画与插画。

丰子恺是一位卓有成就的插画家，他曾为夏丏尊、胡朴安、俞平伯、朱自清、谢颂义、焦菊隐、叶圣陶、谢颂羔、周超然、尤炳圻、周天籁、鲁迅、张默生、周作人、茅盾、林语堂、周越然、顾均正等作家与翻译家的作品画过插画。所作插画作品上千幅，超过全部绘画作品的四分之一。

一般来说，丰子恺漫画是一种大的意境或者是一种特定场景的表达，而插画就不同了，插画对应的是具体的一件事，甚至是文学作品中的一段或者一句话，这就需要用更加细腻的画面来表达。这也正是丰子恺插画的一个特色——把丰子恺漫画的洒脱与"蕗谷虹儿"的细腻相调和。相较于漫画作品，在减少了那种意到笔不到的洒脱的同时，增加了一种细腻的、精致的笔触。丰子恺的漫画作品往往运用"意到笔不到"的写意画法，而他的插画大都是"有鼻子有眼的"，这就是其漫画与插画的区别。

丰子恺还是封面设计家,他为图书和杂志创作过大量封面。从丰子恺的一些封面画中同样可看出些许"摹虹儿"的画风。比如他为《小说世界》设计的封面,那些细密的树叶便是朱自清所说的"细腻风流"的笔法,如《落叶》这幅画,在《子恺画集》中是单色的,而在《小说世界》的封面上是彩色的。

丰子恺设计的　　　　　　　丰子恺《落叶》
《小说世界》封面

丰子恺是一位集漫画家、文学家、艺术教育家和翻译家于一身的艺术大家,而在众多插画艺术家中,他的插画特色鲜明,艺术成就尤为突出。有人认为,插画作品大多是画家闲暇时的兴趣之作,是一种友情客串,但丰子恺却画得非常细腻认真,这与早年习蕗谷虹儿的绘画有一定关系。

(杨子耘)

42. 北泽乐天：影响子恺漫画的第三人

一般认为，丰子恺漫画风格的形成受到两位日本画家的影响，即竹久梦二和蕗谷虹儿。其实，开创日本漫画先河的日本画家北泽乐天，也在一定程度上影响了丰子恺的漫画创作。如果说蕗谷虹儿只是在漫画的技巧和笔法上影响了丰子恺，那么，北泽乐天是在漫画创作的内容与构思上影响了丰子恺，而竹久梦二则是在漫画创作的内容、构思、技巧与笔法上对丰子恺漫画艺术产生了整体性的影响。

丰子恺是什么时候开始接触北泽乐天的漫画的，似已很难考证。但可以肯定的是，在丰子恺1933年建成的缘缘堂里，就有九卷本《乐天全集》。这是从日本进口的图书，丰子恺的孩子们都看不懂，所以他经常和他们一起阅读，给他们讲述这些漫画的内容。

再向前推，似也可以看到北泽乐天的身影。1927年，丰子恺为恩师夏丏尊先生的翻译作品《国木独步集》设计的封面中屋顶上有只颇为夸张的猫咪，而在《乐天全集》里也能见到类似的画面。这难道是丰子恺在日本"游学"时见过的吗？

早在1902年，北泽乐天便开创了四格漫画这一漫画形式，在此之前漫画都是以单幅形式呈现的。四格漫画大大拓展了漫画创作与选材的空间。北泽乐天的另一创新是发明了"气泡对话框"，这种形式沿用至今。这两项创新，极大增强了漫画的

丰子恺译北泽乐天
《主妇权的消长》

丰子恺《乘风凉》

丰子恺译北泽乐天
《星期日不是母亲的休息日》

丰子恺《星期日是母亲的烦恼日》

表现力,为日本漫画的创作和发展奠定了基础。丰子恺"游学"日本期间,经常到书店或者旧书摊去淘书,在日本具有重大影响的《梦二画集·春之卷》,就是其在旧书摊上觅得的。对于北泽乐天这样一位在日本漫画界开天辟地的漫画家,以及他所创作的九卷本的皇皇巨著,丰子恺不可能不注意到。

丰子恺在家乡筑起缘缘堂,并购置了大量图书。他在《控诉日本罪行》一文中说,缘缘堂"里面有我的藏书,一共有一二万卷",其中肯定包括这套《乐天全集》。抗战时期,丰子恺逃难至大西南,缘缘堂毁于日军炮火,这套《乐天全集》也遭焚毁。

再次遇到《乐天全集》,已是20世纪50年代。经历千辛万苦,丰子恺一家又回到了江南,并在上海卢湾区"顶"下一栋三层小楼安居。这时候,丰子恺的孩子们大多已参加工作,并有了第三代。

在丰家,逢年过节以及休息日,子女们常常回到丰子恺身边,大家不免回忆起以前缘缘堂时期的天伦之乐,也回忆起父亲在缘缘堂讲述的漫画《乐天全集》里的有趣故事。这时丰子恺又萌发了购置全套《乐天全集》的想法。于是在上海外文书店访得,还是托日本友人代购,已无法考证。但在上海丰寓,确实有全套的《乐天全集》,而且丰子恺为了让第三代的儿童读懂这些漫画,还作了翻译。

一开始,丰子恺是在一本练习簿上写下一个个漫画故事的,但读起来很不方便,他便直接翻译在书的页边。就这样,丰寓一楼客厅里的一长排《乐天全集》成了丰家第二代和第三代最爱读的书。原本读着漫画一知半解,只要看一下丰子恺的"文字点拨",便全懂了。画集中各有特性的人物,如财主海诺、无产者胎诺、说谎专家霍拉、方下巴拿喜老等,都是孩子们耳熟能详的漫画人物。

因为孩子多,又是轮番阅读,这套布面精装的漫画书已经被翻阅得很旧了。休息日在丰寓阅读还不够,经常会被借走,带回各自家里阅读。正是因为这种借阅,全套《乐天全集》有两本被保存了下来。

1966年"文化大革命"爆发的时候,《乐天全集》的第七卷"资产阶级与无产阶级"和第九卷"女性百态",正好被大女儿丰陈宝和二女儿丰林先借阅,没多久丰家就遭到了抄家,很多绘画、图书被烧掉,或被抄走。《乐天全集》除了第七卷和第九卷保存了下来,另外七卷连同丰子恺的翻译,就此杳无踪迹。

因为两次拥有并且翻译过《乐天全集》,丰子恺深谙北泽乐天的绘画技巧与漫画的思想内容。他时常会把北泽乐天绘画的内容拿来再创造,比如,同样是《风云变幻》,北泽乐天以六幅动态变化的画面来展示,而丰子恺时而采用单幅优美的画面,时而又采用四格漫画的形式,演化出"爱""吻""恨""咬"四个画面。其他类似的画面还有很多。

丰子恺灵活运用北泽乐天的题材,通过进一步引申、深化,创作了很多漫画作品;借用北泽乐天开创的四格漫画形式,也创作出不少绘画作品。唯独北泽乐天的"气泡对话"形式,丰子恺没有借鉴。用以点题的那些必不可少的文字,丰子恺大多在作品的名称里加以解决。大概这就是子恺漫画的一个独特之处吧。

(杨子耘)

43. 中国漫画第一人

谁是中国漫画第一人？丰子恺的漫画最早发表在哪本杂志？是什么时候发表的？这些问题似乎一直没有定论。

如果问起中国漫画第一人，很多人会毫不犹豫地指向丰子恺，但丰子恺自己并不认可，他在《漫画创作二十年》一文中曾说："人都说我是中国漫画的创始者。这话未必尽然。我小时候，《太平洋画报》上发表陈师曾的小幅简笔画《落日放船好》《独树老人家》等，寥寥数笔，余趣无穷，给我很深的印象。我认为这算是中国漫画的始源。不过那时候不用漫画的名称。所以世人不知'师曾漫画'，而只知'子恺漫画'。漫画二字，的确是在我的画上开始用起的，但也不是我自称，却是别人代定的。约在民国十二（1923）年左右，上海一辈友人办《文学周报》。我正在家里描那种小画。乘兴落笔，俄顷成章，就贴在壁上，自己欣赏。一旦被编者看见，就被拿去制版，逐期刊登在《文学周报》上。编者代为定名曰'子恺漫画'。以后我作品源源而来，结集成册，交开明书店出版，就仿印象派画家的办法（印象派这名称原是他人讥评的称呼，

陈师曾《落日放船好》

画家就承认了），沿用了别人代用的名称。所以我不能承认自己是中国漫画的创始者，我只承认漫画二字是在我的书上开始用起的。"

陈师曾先生是中国近现代画家，擅长花鸟人物山水画，师承徐渭、陈淳、扬州八怪、吴昌硕等。他的花鸟画大笔写意，人物画取材现实生活，一些速写画极具漫画情趣与特征，这从他的《落日放船好》上即可明显看出。但陈师曾这类作品并不多，社会影响自然也不会太大，所以人们谈到中国漫画第一人时都认为是丰子恺。

至于最早发表在哪本杂志，丰子恺所说约1923年友人拿去刊登在《文学周报》上，似记忆有误。在1922年丰子恺任教的浙江上虞春晖中学校刊《春晖》上，就已刊登了丰子恺的绘画作品《女来宾——宁波女子师范》和《经子渊先生底演讲》。这些画虽仅有寥寥数笔，却简练生动，就像他自己所说："作画意在笔先。只要意到，笔不妨不到；非但笔不妨不到，有时笔到了反而累赘。"大文豪泰戈尔对子恺漫画的评价也是这样："用寥寥几笔，写出人物个性。脸上没有眼睛，我们可以看出他在看什么；没有耳朵，可以看出他在听什么。高度艺术所表现的境地，就是这样。"

丰子恺《经子渊先生底演讲》

那么，正式冠以"漫画"字

样是在哪一年哪一本杂志？应该是 1924 年 7 月的《我们的七月》。这是"我们社"的创刊号，由于"我们社"是一个志同道合的群体，他们不需要文责自负，但可以文责共负，所以这本杂志的主编朱自清和俞平伯都没有署名，只是写上了"我们"拼音"Wo Men"的字母缩写"O·M"编，其他诗歌与散文的作者也都没有署名。但作为美术设计的丰子恺是个例外，封面画《夏》在目录中明确标出"丰子恺作"，插画《人散后，一钩新月天如水》也是有署名的，而且特意标明"漫画　子恺笔"。

至于丰子恺所说的"上海一辈友人"，指的是郑振铎等编辑。郑振铎 1925 年 11 月 9 日在《〈子恺漫画〉序》中写道："我先与子恺的作品认识，以后才认识他自己。第一次的见面，是在《我们的七月》上。他的一幅漫画《人散后，一钩新月天如水》，立刻引起我的注意。虽然是疏朗的几笔墨痕，画着一道卷上的芦帘，一个放在廊边的小桌，桌上是一把壶，几个杯，天上是一钩新月，我的情思却被他带到一个诗的仙境，我的心上感到一种说不出的美感，这时所得的印象，较之我读那首《千秋岁》（谢无逸作，咏夏景）为尤深。实在的，子恺不惟复写那首古词的情调而已，直已把它化成一幅更足迷人的仙境图了。从那时起，我记下了'子恺'的名字。"

郑振铎的这段话同样可以佐证，正式冠以"漫画"之名的，是 1924 年 7 月的《我们的七月》杂志，而这幅《人散后，一钩新月天如水》，也就成了丰子恺的成名作。

丰子恺《人散后,一钩新月天如水》

(杨子耘)

44. 崎岖小径上走来的画家

丰子恺在《学画回忆》一文中说:"假如我早得学木炭写生画,早得受美术论著的指导,我的学画不会走这条崎岖的小径。"步入这条"崎岖小径"时,他才六七岁,在私塾里读《千家诗》,他说:"《千家诗》每页上端有一幅木版画,记得第一幅画的是一只大象和一个人,在那里耕田,后来我知道这是二十四孝中的大舜耕田图。但当时并不知道画的是什么意思,只觉得看上端的画，比读下面的'云淡风轻近午天'有趣。我家开着染坊店，我向染匠司务讨些颜料来，溶化在小盅子里，用笔蘸了为书上的单色画着色，涂一只红象，一个蓝人，一片紫地，自以为得意。"凭借着家里开的丰同裕染坊里的染料，他初步了解了色彩的运用。

1936年丰子恺（中间戴墨镜者）在丰同裕染坊

绘画中线条的描画，也是始于那个时期。那时丰子恺在父亲的藏书中找到一本人物画谱，便撕下习字簿印着描画。一本人物画谱——描画后又试着着色，所用的颜料当然是家里的染料，但不再是原来的颜色，他还学会了调色，配出自己想要的颜色。人物画好后，私塾里的同学们看着喜欢，说是比原来人物画谱上的画更好看，纷纷向他要画而引起争执。这件事被老师知道后，他取来画作查看，觉得很满意，便令丰子恺绘制一幅大幅的孔子像，以便每天上学时同学们可以依次向孔子像鞠躬。丰子恺在姐姐的帮助下,"一个鲜明华丽而伟大的孔子像就出现在纸上"。

直到考入浙江省立第一师范学校,丰子恺才开始走出"崎岖小径",在老师李叔同的指导下,他以写生作为习画的第一步。丰子恺的小女儿丰一吟在《夏丏尊与丰子恺》中写道:"李先生指点我父亲不可画临摹的画,而要看着实物画。这一指点使父亲恍然大悟:原来那些供学生临摹用的范本,也是看着实物才画出来的。既然这样,那他为什么要照着范本画?他完全可以舍末逐本,直接看着实物画。于是他用功画素描,打下了扎实的基础,为后来作漫画创造了条件:他的人物漫画不仅神似,而又形似。"从此,丰子恺走遍杭州各地,画人物、画风景,深切体悟到"画道的广大,恍然觉悟从前的印,放大尺和格子,都等于儿戏;现在所画的才是'真刀真枪'的画法了"。

从浙江省立第一师范学校毕业以后,丰子恺在上海任音乐、图画教师。1919年11月与姜丹书、吴梦飞、刘质平、刘海粟等人发起成立中华美育会;次年4月,美育会出版刊物《美育》杂志,丰子恺任编辑兼广告部主任。

丰子恺推崇写生,而且是"忠实的"写生。在1920年5月《美育》杂志第二期上,丰子恺撰文《忠实之写生》,他强调说:"余幼时不知自爱,凡所写模型,先生不及见者(如野外写生及静物之花木果物等),往往不肯为忠实写生。其形或忽略,或改删,以图便利。日后始知痛悔。世之学画者,幸毋蹈吾之覆辙也。"

(杨子耘)

45. "这不是我的东西,嘿嘿!"

杭州是丰子恺的"第二故乡",杭州的西湖更是他常去写生的地方。有一次,他坐西湖船去岳坟写生,发现船里有个老人相貌异常,眼睛生得很高,出于画家的敏感,他便取出一支铅笔,举起手来向那老人的头部进行近距离测量。老人以为是拾得东西要还给他,便伸手来接,此时丰子恺方才觉悟到自己所测量的是个活生生的人,而不是石膏模型——船里的搭客都不是。老人笑着说:"这不是我的东西,嘿嘿!"这时候丰子恺好不尴尬。

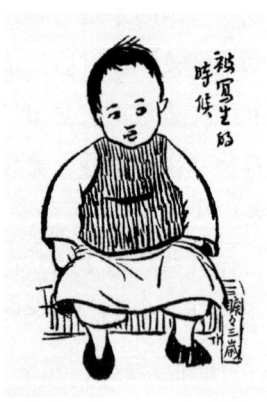

丰子恺《被写生的时候》

丰子恺在浙江省立第一师范学校求学时跟随李叔同学习音乐与绘画,那时的丰子恺常在学校里描摹石膏头像的木炭画,也常携带写生簿外出写生，画人、画物、画景，体验世间各种神态。他认为，写生画就是按自然美进行真实描写，因此学西洋画却不练写生，都不是真正研究美术，只是画匠而已。由于过度热爱绘画，以致耽误了文化课。半年后丰子恺回家乡时，带着满脑子石膏像、木炭画的他看见母亲都觉得异样了，他在和母亲说话时，恍惚间将母亲的脸孔当作石膏头像看，只管在那里研究它的形态及画法，并得出"母亲的相貌类似德国作曲家瓦格纳"的结论，直到母亲发话了才幡然醒悟。这时他又尴尬了。

那时候丰子恺的现实生活与写生世界似乎有点脱节，他常把人当作静物或景物，画画时除了自己是一个人之外，眼前其他森罗万象都是写生模型。说起来很不敬，丰子恺会将他的先生、长辈、朋友都看成与花瓶、茶壶、罐头同类的东西，只考虑形态和画技；但同时在他的写生世界里，也会将花瓶、茶壶、罐头等静物恭敬地当作人来看。丰子恺经常强调写生的重要性，他说："绘画之种类，可分人间界、器世界两种。

丰子恺《有情世界》

人间界如历史画、风俗画、肖像画。器世界如风景画、动物画、静物画。其间虽有属于应用者，但无论何种，必以写生为基本练习,且必以忠实写生为基本练习。……故有志真正之美术者,必当以忠实写生为要务。"

画家的审美眼光跟常人不同,丰子恺去水果店买画静物需要的水果,首选形态好的,味道好坏不管,老板很诧异;画野菜,那些嫩的吃口好的不要,偏要形状好色彩美的,旁人看不懂;瓷器店里发现一只花瓶有美的价值,店员提醒是"漏的"也照样买下来;茶担上买下形状朴素花纹古雅的酒碗,全然不顾别人笑话这是最粗糙最便宜的东西……丰子恺家的书架上陈列了许多静物模特儿,有瓶,有氅,有碗,有盆,有盘,有钵,有玩具,有花草,在别人看来大都一文不值,但在他看来个个有灵魂。在这样的艺术范围中,画家画画更加得心应手了。

丰子恺在忘我的境界里将物与人互相融入,为今后的绘画打下了坚实的基础,从此画人、画物信手拈来。他的"忠实写生"的画稿,与最终成型的作品,画面的基本布局只是略作一些优化。比如20世纪50年代丰子恺游西湖,看到湖滨欣欣向荣的如画景象,就拿出写生本来写生。回家后,他根据写生画完成了彩色漫画。我们可以看到,写生画上的人物朝向,三五成群的布局结构,远处的山、桥、湖,还有湖边的柳,甚至画的名称《人民的西湖》,在作写生画的时候就已确定下来了,成品只是一些画面的细化,由此可见丰子恺的写生功底之深厚。

写生伴随了丰子恺的一生,写生簿是出门必不可少的附件,很多经典漫画如《三娘娘》《挖耳朵》《KISS》《汗》等,都是他即兴记录乡间生活的瞬间的佳作。中华人民共和国成立后,丰子恺虽然常住大城市,但还是会特地下乡写生,或用画笔随

丰子恺《人民的西湖》写生画

丰子恺《人民的西湖》最终成型作

45."这不是我的东西,嘿嘿!"

时记录城市中平民百姓的工作生活姿态。平时在家里,丰子恺一时兴起也会给家人画像,从早期的《阿宝两只脚凳子四只脚》,到后期描述的第三代,神态迥异,均值得一再回味。

值得一提的是,丰子恺别出心裁地将绘画与音乐作比较。他认为绘画表现也同音乐演奏一样,可一而不可再。描画须兴到下笔,画自然有情有趣;但兴到下笔时必须放胆,画才有灵魂有精神;当然,敢于放胆下笔,最终还是一定要有写生的基本功垫底的。

(杨朝婴)

46. 丰子恺的外语学习与翻译(上)

许多作家的文学生涯起步于翻译,丰子恺也是这样,他一生译作近六百万字,语种包括英语、日语和俄语。他的译作有从英语翻译的《初恋》《自杀俱乐部》,从日语翻译的《苦闷的象征》《竹取物语》《伊势物语》《落洼物语》《源氏物语》《不如归》《旅宿》,从俄语翻译的《猎人笔记》《我的同时代人的故事》等,还有许多音乐与图画教学方面的译作。

丰子恺有一套学习外语的"笨方法",他在《我的苦学经验》中说,外语学习有三个要素,即单词、语法与会话。第一个要素是单词的学习。背单词时,他把生字写在纸牌上,放在一个匣子里,时常一一取出反复记诵,记住的放在一边,记不住的放另一边隔天再记,而已经记住的过一段时间同样需要温习。这样背单词较为枯燥，但背好单词以后再读原文，那种"痛快流畅，其趣味颇足以抵偿摸纸牌的辛苦"。第二个要素是语法的学习，用的也是机械的笨办法。他不是死读语法教科书，而是用机械对读的方法，即拿一册英文原版经典读物，与已有的中文译本放在一起一句句对照阅读，从而积累经验，理解英语语法的构造和各种词句的腔调。第三项会话又是用笨法子，即熟读。他选一册良好的会话书，每日熟读一课，在课文下面画上一笔，最后凑成一个繁体的"讀"字，也就是说每课读二十二遍：第一天读十遍写一个"言"字和一个"士"字；第二天读五遍写一个"四"字；第三天读五遍写一个"目"字；第四天最后温习两遍，写一个"八"字。言、士、四、目、八，四天写就一个繁体的"讀"字，这样就完成了二十二遍朗读。第二课和第三课也都是如此，与前一课重叠着阅读，这样计算，每天的阅读量是二十二遍，分别阅读的是四篇不同的课文。

丰子恺《盛年不重来，一日难再晨，
及时当勉励，岁月不待人》

丰子恺年轻时曾赴日本留学十个月。这点儿时间，一般也就读个语言学校，但丰子恺这次没有用"笨办法"，而是以自己独特的方式学习了日语。他的方法是：报名参加日本人学习英语的学校，每天听课两小时。因为是英语初级班，而这些英文他都学过，通过老师用日语讲述已懂得的英文，便可以了解与熟悉日语会话的诀窍。经过一个月的听课，日语会话获得很大进步，同时也腾出大量时间参观展览会，听音乐会，泡图书馆，看歌剧，逛旧书店，甚至游玩名胜，最大限度地"吸呼一些东京艺术界的空气"。

就这样，在结束十个月短暂而紧凑的留学生活、乘船回国的旅途中，丰子恺便开始翻译屠格涅夫的中篇小说《初恋》。这是一本日英对照读本，英译为伽奈特夫人，日译并加注的是藤浪由之。翻译完成以后，他把这本书的译稿交给了商务印书馆，但商务印书馆以"内容诲隐"为由退回了稿件。直到1928年，这本译作才被收入开明书店的"英汉译注丛书"。

（杨子耘）

47. 丰子恺的外语学习与翻译（下）

一般懂多国语言的人，其通晓的语言大多属于相同或相近的语系。丰子恺的译作涉及英语、俄语、日语三种语言，英语属印欧语系，俄语属印欧语系的斯拉夫语族，日语又与汉藏语系相接近。这三种语言相互之间关联性都不强，完全不像英语、法语、德语那样，很多词汇都是类似的。能学会这样三门外语又有作品出版，这得益于丰子恺独特的学习方法与勤奋的学习态度，以及他的聪慧。

丰子恺的翻译成就不限于英文作品，其最具代表性的译作当属日本文学巨著《源氏物语》的汉译本。《源氏物语》诞生于千年前，被誉为世上最早的长篇小说，其问世时间比《三国演义》、《水浒传》以及《神曲》还要早三四百年。此外，丰子恺在日语翻译领域还有一部值得注意的作品《旅宿》（又译《草枕》），这是日本作家夏目漱石的作品。

丰子恺的第三门外语——俄语，倒是被生计"逼"出来的。那是在1950年，53岁的他开始学习俄语。为什么要在这样的年龄学一门外语呢？原因从他写给好友、著名编辑常君实的信中即可得知："年来由于埋头学习俄文，新收入毫无。同时旧书许多停刊，版税收入大减。因此生活颇有青黄不接之状。但得度过半年，俄文学成，即无虑矣。"

自从20世纪40年代初丰子恺在重庆沙坪坝建房住下以后，便辞去教职，靠稿费与卖画为生，现在没有收入，只得另谋生路，而选择学习俄语，是因为苏联是"老大哥"，俄语翻译事业也正欣欣向荣，俄语艺术教育以及文学方面的图书都能得以出版。

丰子恺曾说过："语言文字，只不过是求学问的一种工具，不是学问的本身。学些工具都要拖长许多的时日，此生还来得及研究几许学问呢？"丰子恺因为有自己的学习方法，学习俄语所花的时间极短。那时他住在上海四马路（今福州路）671弄7号，边门正对着国际书店的后门，逛书店买外文书非常方便，他便买回日文版的《俄语一月通》。这本书一共三十课，按书上安排是一天学一课，一个月完成。丰子恺在日本时也学过一点儿俄语，所以他没有按照这个日程学习，而是一天学几课。这样，很快他就把这本书学完了，然后就开始借助词典阅读难度相对高一些的俄语文学著作。一开始读的是高尔基短篇小说的中俄对照本，接下来又读托尔斯泰的《战争与和平》原著和屠格涅夫的《猎人笔记》原著，通过这些阅读迅速提高了自己的外语水平。阅读《战争与和平》原著用了九个月的时间，不久又读完了《猎人笔记》。之后丰子恺又花了五个多月的时间把《猎人笔记》翻译出来，交由他的好朋友吴朗西先生的文化生活出版社出版。

《猎人笔记》是屠格涅夫的一部散文体小说，对于以随笔见长的丰子恺来说，译来得心应手，其中对于俄罗斯田园风光的描述，比如"白净草原"等篇章，译得更是生动细腻。这部由画家翻译的《猎人笔记》，笔尖流淌的则是一幅幅精致的画面。

丰子恺的俄语译作还有柯罗连科的《我的同时代人的故事》，是与小女儿丰一吟合译的。

（杨子耘）

丰子恺与小女儿共同翻译
《我的同时代人的故事》

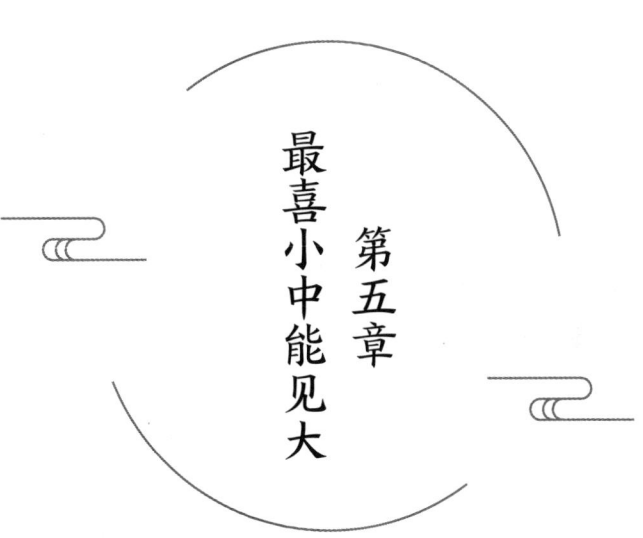

第五章 最喜小中能见大

48. 丰子恺的第一本画集

丰子恺的漫画作品，最早在《我们的七月》上发表，被郑振铎先生看中后并开始不断索稿，在他主编的《文学周报》上刊登，最后由郑振铎、叶圣陶、胡愈之和茅盾等人编选成集子，取名《子恺漫画》，先是在1925年12月由文学周报社出版，一个月后又由开明书店出版。

《子恺漫画》的一个特点是序跋竟有七篇之多。

丰子恺的老师夏丏尊在《〈子恺漫画〉序》中说："子恺来要我序他的漫画集。记得：子恺的画这类画，实由于我的怂恿。在这三年中，子恺实画了不少，集中所收的不过数十分之一。其中含有两种性质，一是写古诗词名句的，一是写日常生活的断片的。古诗词名句，原是古人观照的结果，子恺不过再来用画表出一次，至于写日常生活的断片的部分，全是子恺自己观照的表现。前者是翻译，后者是创造。画的好歹且不说，子恺年少于我，对于生活，有这样的咀嚼玩味的能力，和我相较，不能不羡子恺是幸福者！"

俞平伯在《〈子恺漫画〉跋》中说："一片片的落英都含蓄着人间的情味，那便是我看了《子恺漫画》所感。——'看'画是杀风景的，当说'读'画才对，况您的画本就是您的诗。"

好友朱自清在《〈子恺漫画〉代序》中说："我们都爱你的漫画有诗意；一幅幅的漫画，就如一首首的小诗——带核儿的小诗。你将诗的世界东一鳞西一爪的揭露出来，我们这就像吃橄榄似的，老咂着那味儿。"

画家、篆刻家丁衍镛在《〈子恺漫画〉序》中说："我是从研究绘画稍得领略了一点趣味的人。见了子恺君的漫画，更给了我许多新趣味。我得到了这种感情的快乐和愉悦，很想介绍给一般人，也得到一点趣味，来谋新生活的向上，这就是我介绍子恺君的这一部'诗情逸趣'漫画的本意。"

作家、语言学家方光焘在《〈子恺漫话〉序》中说："子恺！在这充满了所谓'画家''艺术家''艺术的叛徒'的中国，你何必把那吃饭的钱省节下来，去调丹青，买画布，和他们去争一日之长呢！你只要在那'说不出'的当儿，展开桌上的废纸，握着手中的秃笔，去画罢！画出那你'说不出'的热情和哀乐，使你朋友见了，可得欢乐，使你夫人见了，可以开怀，使你的阿宝见了，可以临摹，使你的华瞻见了，可以大笑！那就是你的艺术；也就是你的艺术生活！"

同事、数学家刘薰宇在《〈子恺漫画〉序》中说："这几十页的小画，都是他兴会浓酣的刹那间的产物；完全是性灵展开的遗痕。"

作家、诗人、文学评论家郑振铎在《〈子恺漫画〉序》中回忆了他见丰子恺时的印象："我既已屡屡与子恺的作品相见，便常与愈之说，想和子恺他自己谈谈。有一天，他果然来了。他的面貌清秀而恳挚，他的态度很谦恭，却不会说什么客套话，常常讷讷的，言若不能出诸口。我问他一句，他才朴质的答一句。这使我想起四年前与圣陶初相见的情景。我自觉为他所征服,正如四年前为圣陶所征服一样。我们虽没谈很多的话,然我相信,我们都已深切的互相认识了。"

这样洋洋洒洒的七篇重量级序跋,竟收录于《子恺漫画》这样一本小小的画集里,令人不禁想要细细品读其中的每一幅画作。也正是从这本小书开始,"漫画"一词及其绘画形式才在中国逐渐流行起来。

(杨子耘)

49. 徽号"丰柳燕"

著名美学家朱光潜评价丰子恺说:"子恺从顶至踵是一个艺术家,他的胸襟,他的言动笑貌,全都是艺术的。"

丰子恺一个从头到脚,浑身都充满艺术细胞的艺术大家,他的笔名却是出奇地少,除了专用在创作《护生画集》中的外,只有子恺和TK(丰子恺名字的威氏拼音法为Feng Tzu-k'ai)。

大家有所不知的是,丰子恺曾得到过三个号。第一是雅号"三湾先生"。1930年春,丰子恺在故乡为母亲守孝期满后,全家迁到嘉兴杨柳湾,他曾说:"故乡石门湾、工作在江湾、暂寓杨柳湾,平生与湾有缘。"时人称他"三湾先生"。第二是诨号"三不先生",即不教书、不讲演、不赴宴。因为丰子恺一向厌恶出席无聊的宴会,他曾作《宴会之苦》,表明"生怕宴会之苦",希望"今生永不参加宴会",于是有人根据丰子恺当时在杭州的生活特点,写文章称他为"三不先生"。第三是徽号

"丰柳燕"，赠送他这个徽号的不是别人，正是俞平伯。

俞平伯十分喜爱丰子恺的漫画，觉得在丰子恺的漫画里，柳树和燕子出现的频率很高，而且画得特别生机盎然，活泼的柳条风中舞，轻盈的燕子语呢喃，有声有色有意有境，于是俞平伯就送了丰子恺这个"丰柳燕"的徽号。"丰柳燕"真是个风雅至极、充满诗情画意的徽号。有人用谐音把"丰柳燕"读成"风流矣"，好有趣味！

俞平伯是散文家、红学家，新文学运动初期的诗人，中国白话诗创作的先驱者之一，与胡适并称"新红学派"的创始人。他1900年出生，浙江湖州德清人，是清代朴学大师俞樾曾孙，比丰子恺小两岁，湖州与丰子恺故乡桐乡毗邻，因此二人又有同乡之谊。在一般读者的心目中，俞平伯是个严谨的学者与红学家。其实，他在青年时代不仅是一位对新诗创作有过特别贡献的诗人，而且写过许多童心洋溢的儿童诗。长期以来人们并不清楚，俞平伯的新诗集《忆》是我国第一部描写儿童生活的诗集，收录了俞平伯成年后追忆往昔、捕捉童趣的系列诗作，其文学价值可与胡适第一部白话新诗集《尝试集》相提并论。《忆》其实已是俞平伯的第三本新诗集，当《忆》在1925年12月由北京朴社出版后，马上得到了"双美"之誉，所谓"双美"即书的内容美和书的装帧美。

当时北京朴社在出版《忆》时曾刊出广告介绍："这是他（俞平伯）回忆幼年时代的诗篇，共三十六篇。仙境似的灵妙，芳春似的清丽，由丰子恺先生吟咏诗意，作为画题，成五彩图十八幅，附在篇中。后有朱佩弦（朱自清）先生的跋。他的散文是谁都爱悦的。全书由作者自书，连史纸影印，丝线装订，封面图案孙福熙先生手笔。这样无美不备，洵可谓艺术的出版物。先不说内容，光是这样的装帧，在新文学史上也是不多见的。"

这虽说是广告，却也是实话实说，绝不是溢美之词。俞平伯的诗，丰子恺的画，朱自清的跋，全书均由作者毛笔手书，这的确是新文学史、出版史上的艺术珍品；更难得的是，《忆》是一部描写儿童生活的诗集，这更是现代儿童文学史上的艺术珍品，堪称诗、书、画三绝！

书中附有丰子恺所作的彩墨插图十八幅，这是较为稀见的丰子恺早期的画作，除契合俞平伯回忆童年生活的诗作以外，显示了丰子恺画作趣雅和童真的一面。就连一向清高的周作人也大加褒扬。他在《〈忆〉的装订》中写道："《忆》里边有丰子恺君的插画十八幅，这种插画在中国也是不常见的……""这诗集的装订都是很好的"，"从春台借了《忆》来看的第二天，便跑到青云阁去买了一本来，因为我很喜欢这本小诗集"。

丰子恺用他的生花妙笔使俞平伯的诗句活泼灵动了起来，使文字有了质感，有了童心的温度，有了人间情味，丰子恺的画居然能把从糖粥小贩嘴里喊出来的"桂花白糖粥"那五个字，变成画中的黏糊糊地洒下的粥粒！那种粥粒的黏稠和糖滴的甜蜜，把"桂花白糖粥"化作了眼中景、舌尖味、心中情。此诗此画契配得如此妙不可言，真如朱自清所赞，实在是"双美"的杰作，"我们不但能用我们的心眼看见平伯的梦，更能用我们的肉眼看见那些梦"。这正是丰子恺与俞平伯诗情画《忆》的缘！

丰子恺为俞平伯《忆》所画插图

差不多在 1925 年 12 月俞平伯的新诗集《忆》出版的同时，丰子恺的《子恺漫画》也出版了，俞平伯的《忆》是丰子恺画的插图，丰子恺的《子恺漫画》是俞平伯写的《跋》，二位大师的文墨之缘可见一斑。

俞平伯在《跋》中写道："听说您的'漫画'要结集起来和世人相见，这是可欢喜的事。嘱我作序……"他还写道："我不曾见过您，但是仿佛认识您的，我早已有缘拜识您那微妙的心灵了。子恺君！您的轮廓于我是朦胧的，而您的心影我却是透熟的。"

都是忆中童心人，有缘何必曾相识，他们真算得上是一对"神交"的朋友。在《跋》文中俞平伯还说了一句赞美丰子恺画的非常经典的话："一片片的落英都含蓄着人间的情味，那便是我看了《子恺漫画》所感。"俞平伯的跋文，言辞真切，情感真挚，不仅是对子恺漫画的崇敬，同时也是对子恺漫画艺术的深刻诠释，这对于子恺漫画在社会上的普及推广起到了积极的作用。

其实，丰子恺与俞平伯的友谊缘起1924年春，为访好友朱自清，俞平伯曾到过白马湖畔，还应夏丏尊之请，给春晖中学师生作了题为《诗的方便》的演讲。其间，俞平伯还与朱自清等人商定办一个不定期刊物：哪一个月出版，就称《我们的×月》，这就有了《我们的七月》（1924）与《我们的六月》（1925）的面世。俞平伯此回到白马湖很遗憾没能见到丰子恺，据说那段时间丰子恺正好在外地，俞平伯将离开白马湖的时候，为了给他留下美好的记忆，夏丏尊特意送给他一匣由丰子恺设计作图的春晖信纸。谁料这信纸成了信物，成了缘的念想，

丰子恺设计的《我们的七月》封面

俞平伯手捧的一匣春晖信纸竟然让俞平伯与丰子恺结下了不解之缘。

朱自清请丰子恺为《我们的七月》设计了封面，又把他的漫画《人散后，一钩新月天如水》发表在刊物上。可以说这是丰子恺正式发表的漫画作品，也是他的成名之作，清朗的画面、舒朗的线条、悠长隽永的意境，凸显了丰子恺漫画特有的诗意魅力。这幅漫画后来被郑振铎发现，他对这幅画及其作者产生了浓厚的兴趣。便通过胡愈之向丰子恺索画，陆续发表在《文学周报》上，他给这些画冠以"漫画"的题头，名曰"子恺漫画"，从此中国始有"漫画"这一名称，后来郑振铎又将这些漫画结集成《子恺漫画》出版。当时俞平伯恐怕未曾想到，在他与朱自清创办的《我们的七月》里走出了中国漫画第一人，因为《我们的七月》刊登了《人散后，一钩新月天如水》，然后才有了《文学周报》上的大批丰子恺漫画，再后就有了集结的《子恺漫画》和俞平伯写的《跋》，从俞平伯开始又回到俞平伯，完成了一个圆满的循环，一个关于"缘"的圆，缘真是一个奇妙的东西。

在以后漫长的岁月里，俞平伯与丰子恺只在他们各自的晚年才在北京的文代会上见过一次面。历经沧桑后，两位白发苍苍的老人在京城相见，终于将多年的"神交"变成一次相拥相抱和握手畅叙。俞平伯在晚年还与丰子恺的女儿丰一吟保持通信联系，对他与丰子恺的这些有缘往事记忆犹新，83岁的他在信中用规整的毛笔字写道："小诗集《忆》，承宠赐插图，多费螺黛而声价倍增，至今感沕。"还说：丰子恺的"漫画久已驰名寰宇，而我是早岁致赏之一人"。现在丰子恺与俞平伯已相继作古，但他们二人的文墨之缘就像俞平伯赞美丰子恺的漫画那样，就像是一片片的落英都含蓄着人间的情味……

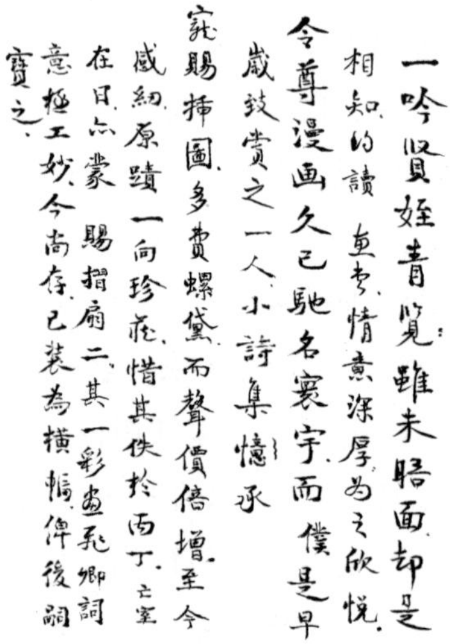
一吟賢姪青覽：雖未晤面，卻是相知，的讀 畫書，情意深厚，為之欣悦。令尊漫画久已馳名寰宇，而僕是早歲致賞之一人，小詩集憶憶承寵賜插圖，多費螺黛，而聲價倍增。至今感紉，原蹟一向珍箴，惜其佚於丙丁之災。在日亦蒙 賜摺扇二，其一彩畫飛卿詞意，極工妙，今尚存，已裝為横幅，俾後嗣寶之。

俞平伯给丰一吟的信

（杨子耘）

50. “吾徒鲍慧和最得吾心”

丰子恺曾说“吾徒鲍慧和最得吾心”，这位鲍慧和便是丰子恺的徒弟，而且可以说是唯一的徒弟。

说起鲍慧和，还要从 1930 年说起，那时候丰子恺迁居嘉兴杨柳湾金明寺 4 号，而高中毕业的鲍慧和因仰慕丰子恺的书画艺术而拜丰子恺为师。从那时起，鲍慧和便经常来丰子恺家，学习漫画创作。1935年,丰子恺游西湖,鲍慧和陪同,之后丰子恺写下游西湖随笔《放生》,文中所说的"青年君"就是鲍慧和。1939年,鲍慧和追随丰子恺从上海来到桂林,丰子恺在日记中写道:"见鲍慧和,乃我流离后快事之一。此人疏财仗义,而又厚道可风。"抗战胜利后,丰子恺历尽艰险返回上海,落脚地也是先期回沪的鲍慧和家。

那么,丰子恺当时是怎样教鲍慧和的,又教了些什么?这些现在已不得而知,但我们从丰子恺与鲍慧和发表的漫画中,大致可以揣测出来。丰子恺漫画之所以受人喜爱,在很大程度上是因为取材贴近百姓生活。丰子恺提倡"艺术的生活",他"把创作艺术、鉴赏艺术的态度来应用在人生中,即教人在日常生活中看出艺术的情味来",这种描绘日常生活的绘画,即把日常生活的某些瞬间,提升为艺术。我们读丰子恺与鲍慧和的漫画,不但可以看到这种带有浓郁烟火气的生活艺术,还可以看到师徒俩会心的交流。

1935年4月,丰子恺在他的画集《云霓》上发表了一幅表现市井叫卖的画,他用五线谱的高音谱号和低音谱号作为画题,使人联想起叫卖人的身材高低与叫卖声调的高低。1935年,鲍慧和在《宇宙风》第六期上也"应和"了一幅漫画《祖与孙》,两幅画画面类似,笔法相同,《祖与孙》像极了"子恺漫画",老人肩上那块补丁告诉了读者叫卖小贩清贫的一生;两幅画都是表达市井叫卖的小景,画题不同却又有各不相同的内容与意趣。

同类的画还有很多,比如丰子恺《都会之音》中的《劳人

丰子恺《高低音》

鲍慧和《祖与孙》

无限意,诉与老树知》,以及鲍慧和的《行不得也哥哥?》,这两幅画里都有树,都有硕大的行囊,不同的是人物的姿态不同,一个是站姿,一个是坐姿,但不管怎样,旅人的疲态尽显无遗。鲍慧和没有书写画题,而是用树上的一只鹧鸪来点出画题《行不得也哥哥?》。这种以古诗词入画的形式又是与丰子恺的

丰子恺《劳人无限意,
诉与老树知》

鲍慧和《行不得也哥哥?》

画作风格高度契合的。丰子恺的画题《劳人无限意，诉与老树知》，应是根据唐代诗人宋之问《发藤州》最后一句改写，原诗为"劳歌意无限，今日为谁明"。画面描绘的是旅人在即将落日之际趴在树上歇息的瞬间，看上去真像是在向老树诉说路途的艰辛。

1935年8月，开明书店出版了丰子恺的《人间相》。其中有一幅画名为《狭路》：在小巷子里，一位老人背着重物在赶路，迎面狭路相逢的是一辆轿车，车内堂而皇之地坐着一条狗。这种强烈的对比，对于读这幅画的人是很有冲击力的。无疑丰子恺的徒弟鲍慧和读过这幅画并深有感触，他在1947年的《小朋友》杂志上也发表了一幅画，名为《"我要坐汽车"》：孩子看见疾驰而过的豪车，嚷着"我要坐汽车"，殊不知他们与坐车人不是同一个阶层。这幅画表达的寓意和揭示的社会现象，与丰子恺的《狭路》是相同的。

丰子恺《狭路》

鲍慧和《"我要坐汽车"》

从这些画中可以看出，丰子恺教给鲍慧和的不只是漫画的笔法，更是漫画创作的灵魂，是漫画画面背后的寓意。这一点丰子恺是这样解说的："我有一个脾气，希望一张画在看看之外又可以想想。我往往要求我的画兼有形象美和意义美。"鲍慧和正是以这种形象美和意义美为追求目标，所以丰子恺对于鲍慧和的评价颇高："其画之似吾笔，乃出于自然，非普通模仿皮毛之可比"，"接我衣钵者，唯慧和也"。可惜鲍慧和于1969年因病早逝。

（杨子耘）

51. "疑为自己所作"

1939年三四月间，避寇于大西南的丰子恺分别收到柯灵、谢颂羔、陶亢德、徐调孚等人的来信，说上海《申报》上刊登了署名"次恺"者所投画稿，并附上剪报。丰子恺看了剪报后在日记中写道："吾初见画，亦疑为自己所作。难得此君如此恪摹，复以谦怀署名'次'恺。不知是何许人。他日有缘，当图一见。"

这位"次恺"真名叫李毓镛，出生于浙江瑞安的书香门第，祖父李芑曾任浙江省议会议员，父亲李翘为中山大学、安徽大学、河南大学教授。李毓镛自小学习成绩优异，高小毕业时获甲等第一名。在温州中学高中毕业后，考入东吴大学。关于以次恺之名发表漫画作品一事，李毓镛曾于1939年4月2日在

《中美日报》上发表《次恺自白》一文予以说明："十余岁时见《申报》载子恺公《护生漫画》，因戒食鸡鸭牛肉之类，并致力习公画，乃以'次恺'自名。"李毓镛作品刊登于《红茶》《申报》《科学画报》《战时中学生》《宇宙风》《科学趣味》《中学生活》《中美日报》《健康家庭》等报纸杂志，发表的大多是科学普及文章与漫画。他的漫画，有思想有内容，且笔法与子恺漫画几乎相同，受到当时文坛的关注，丰子恺也予以好评："此君似吾甚于慧和，则吾画派中又得一有力分子，殊可喜也。"

但李毓镛与丰子恺实际交往并不多，除了丰子恺在日记里几次提到次恺，能查到的仅有丰子恺写给李毓镛的回信：1941年李毓镛在《科学趣味》杂志设专栏连载"生物故事"，题图就是用丰子恺给李毓镛的回信，而且李毓镛的"生物故事"借用了丰子恺《少年美术故事》中主角的名字，并延续了丰子恺的写作手法。更为奇妙的是，李毓镛在他的"生物故事"《吃"蟹"赏菊花》一文的插图中，将七十四位外国著名生物学家的肖像用漫画的笔法一一描出，与丰子恺为著名音乐家描漫画像的做法如出一辙。

丰子恺绘德国音乐家贝多芬　　　　李毓镛绘法国生物学家比夏

次恺漫画笔法娴熟老练，线条流畅，比如他画的舞者，画面简洁，与子恺漫画一样不画眼睛，寥寥数笔，两位舞者那如痴如醉的神态便跃然纸上。这幅漫画发表于1939年的《胜利》，画题为《今日浙江所没有者，仅此而已》。丰子恺也画过舞者，题名《调养室中》。调养室是李叔同任教的浙江省立第一师范学校供生病学生调养休息的地方，入住调养室需经舍监与校医认定。作为学生的丰子恺就曾因疟疾入住调养室，与学生宿舍相比，床更软更宽更暖和，学生起床及其他作息活动可不受铃声限制，一日三餐都有厨师开小灶，学生们都乐意进调养室，所以这里经常满员。有些学生在调养室里练起了交谊舞，没有女舞伴只好两个男生一起练习，这也就成了丰子恺的画材。

次恺《今日浙江所没有者，仅此而已》

丰子恺《调养室中》

李毓镛和丰子恺都关注民间生活，以民间生活作为漫画主题，比如理发，丰子恺所画的是野外的剃头担：一个凳子一个脸盆架，再加一套剃头用具，走到哪里生意做到哪里。丰子恺这幅画的创作经历是这样的：有一天他坐手摇船去杭州，途中停靠时望向船窗，正好看见这副剃头担，便取出速写簿画了下来。后来丰子恺写了篇随笔《野外理发处》，这幅写生画就成了插图。随笔记录了这幅画的具体创作过程："我想把船窗中这幅图画移到纸上。起身取出速写簿，拿了铅笔等候着。

丰子恺《野外理发处》

等到妥帖的位置出现，便写了一幅，放在船中的小桌子上，自己批评且修改。这被剃头者全身蒙着白布，肢体不分，好似一个雪菩萨。幸而白布下端的左边露出凳子的脚，调剂了这一大块空白的寂寥。又全靠这凳脚与右边的剃头担子相对照，稳固了全图的基础。凳脚原来只露一只，为了它在图中具有上述的两大效用，我擅把两脚都画出了。我又在凳脚的旁边，白布的下端，擅自添上一朵墨，当作被剃头者的黑裤的露出部分。我以为有了这一朵墨，白布愈加显见其白；剃头司务的鞋子的黑在画的下端不致孤独。而为全图的主眼的一大块黑色——剃头司务的背心——亦得分布其同类色于画的左下角，可以增进全图的统调。"

再看次恺的《女孩最怕是剃头》，这幅画发表在1938年第5期《红茶》文艺半月刊上，为《从河边到火线上》的附图。从画面上看，全图的主眼处也有大色块，但总体略显凌乱，不够简洁，

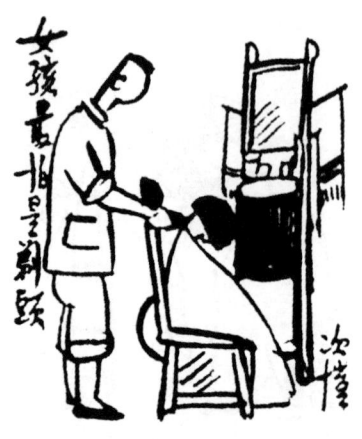

次恺《女孩最怕是剃头》

没有丰子恺《野外理发处》的画面那样平衡、舒适、流畅。

一幅漫画的创作,从立意到写生再到最终调整修饰,各个环节相扣。读丰子恺与他"徒弟"的漫画作品并加以对照,可以窥见这些步骤的点滴。丰子恺曾写诗谈自己的画:"阅尽沧桑六十年,可歌可泣几千般。有时不暇歌和泣,且用寥寥数笔传。"漫画虽仅有寥寥数笔,却"好比文学作品中的绝句,字数少而精,含义深而长"。以上这些都值得学画的学生深思。

(杨子耘)

52. 红马绿狗的故事

1959年的一天,当时还是《漫画》杂志编辑的漫画家毕克官,收到一封来信,是丰子恺从上海寄来的。他拆开一看,信中附了一幅小画,画的是一匹红马,背上驮了一只浅绿色的狗。红马背绿狗?毕克官迷茫了,这是干什么?红色的马还背着一只浅绿色的狗?当看完了信,他恍然大悟:原来,毕克官曾给丰子恺写信,诉说带孩子的艰辛。丰子恺在给毕克官回信前,也是一面抱了小孙女，一面画画给她看。他把这张画寄给毕克官，其实是在告诉他，还可以一面带孩子，一面描画一些简单的画面。这样既可以提升孩子对于美术的兴趣，同时还可以潜移默化地通过绘画让孩子知道一些成语典故。原来，这张红马背绿狗的图画，就是一份图画教材，只是当时丰子恺给孙女讲的是什么故事，已不得而知。

丰子恺曾在《漫画创作二十年》中说过："我作漫画由被动的创作而进于自动的创作，最初是描写家里的儿童生活相。我向来憧憬于儿童生活。尤其是那时，我初尝世味，看见了所谓'社会'里的虚伪矜恣之状，觉得成人大都已失本性，只有儿童天真烂漫，人格完整，这才是真正的'人'。于是变成了儿童崇拜者，在随笔中漫画中，处处赞扬儿童。"他还说："最近我的心为四事所占据了：天上的神明与星辰，人间的艺术与儿童。"作为一个画家，一个作家，把儿童与神明、星辰、艺术放在同等重要地位的做法，无论在当时还是现今，在文学作品中还是在现实生活中，都是不多见的。

丰子恺在工作之余，最多的时间是与孩子们在一起。他有七个孩子，等到这些孩子一个个长大了，他又与孙辈们在一起，与他们一起唱儿歌，给他们讲故事，给他们画漫画，与他们一起念古诗。比如这幅《八六六》，是画给小儿子丰新枚（小名恩狗）的，记录的是一首儿歌：八六六家门前八株竹，八只八哥住在八六六家门前八株竹上宿，拿了八把弹弓赶掉八六六家门前八株竹上八只八哥，勿许住在八六六家门前八株竹上宿。

丰子恺《八六六》

另一幅也是画给丰新枚的。画的内容也是一首故乡的儿歌：一拳头，摔到你含山头，回转来，叫我声三娘舅。这种活泼滑稽的画面，都是小孩所喜爱的。丰子恺寄给毕克官的"红马背绿狗图"，到底讲述了怎样的故事，现在已难以考证。也许是一个像《听我唱歌难上难》那样滑稽有趣而又幽默的童谣："奇唱歌，怪唱歌，鱼吹笛子蛋唱歌，冬瓜敲大鼓，黄瓜打大锣，茶壶吹喇

丰子恺《一拳头摔到你含山头，回转来叫我声三娘舅》

叭，茶杯在打架。"其实这些已不重要，毕克官先生肯定明白，这是丰子恺在传授一种培养后代教育子女的方式方法。就像以前丰子恺用一本画册《云霓》的实例来教毕克官绘制漫画的选材一样："这一本里的画，都来自生活。是我亲眼看到，有亲身感受，当场描下的速写。离开了生活，我画不出来。"也像丰子恺教毕克官诗词创作时所说，要像诗人那样"练就一双很厉害的眼睛，能从复杂的世态中，能从表面现象中看出有意义的东西"。

后来毕克官去拜访丰子恺的老友、老教育家叶圣陶先生，叶老也提到了丰子恺在这一方面的成就。他说，丰子恺不是死板地讲道理，而是写得很生动。要做到这一点，是很不容易的。作为艺术启蒙教育家的丰子恺，在对待为青少年写作这件事上，也和他创作儿童画一样，是设身处地地理解他的小读者，用小读者的眼光看世界的，处处为他们着想。因此，他才能成功地写出那样多受到小读者和成年人欢迎的通俗读物。

（杨子耘）

53."三分之一个子恺"

"三分之一个子恺"？对！这是一位想成为"三分之一个子恺"的人，他原名汪志大、汪林，是浙江省衢州市开化县城关镇人，他是美术史学者、书画鉴赏家、收藏家，因为崇敬丰子恺先生的人品与绘画艺术，把自己的名字改为"汪子豆"，丰子恺的"恺"字繁体写为"愷"，由竖心旁加上一个"山"字和一个"豆"字组成,如果能得一个"豆"字,也即有了"恺"字的三分之一。

汪子豆与丰子恺的交往,还要从他求学期间所购买的一本抗战漫画集说起。这本书上刊登了两幅丰子恺的漫画,从读到这两幅漫画开始,他就把丰子恺视为老师。他们两人的主要交往,也是有关一本书——《日本帝国主义侵华史》。那时丰子恺正在家乡石门湾的缘缘堂为蒋坚忍的《日本帝国主义侵华史》描画插图,他的设想是以一幅画对应一段文字,把从明代倭寇侵扰海岸直至"八一三"的侵略战争,以漫画配文的形式,编成一册《漫画日本侵华史》,再以最廉价的方式广销各地,"使略识之无的中国人都能了解,使未受教育的文盲也能看懂",并牢记这段历史。恰恰就在这时日军的飞机轰炸了丰子恺的家乡石门镇。为避寇丰子恺收拾了最简单的行李,踏上了逃难之路。缘缘堂里原本有上万册各种图书,还有很多弘一法师的书法,以及吴昌硕的《梅花图》,所有这些一样都没有带上,唯独把蒋坚忍的《日本帝国主义侵华史》以及已经完成的数十幅画稿随身带着,因为他要完成这本揭露日本帝国主义嘴脸的通俗读物。就在艰难投奔桐庐马一浮的路上,丰子恺发现一路战乱不断,随时有可能与日本侵略者迎面相遇,他思忖,万一敌人搜出了这些画稿,"我自己一死是应得的,其他的老幼十余人

丰子恺《仓皇》

何辜?"他拿出书和画稿,抛到了河里。这时候的丰子恺,只觉得"'咚'的一声,似乎一拳打在我的心上,疼痛不已。我从来没有抛弃过自己的画稿。我曾经几番的考证,几番的构图,几番的推敲,不知堆积着多少心血,如今尽付东流了"!

这些内容,丰子恺都记录在他的随笔《桐庐负暄》中。汪子豆一定是读了这篇文章,才写信给当时身居重庆沙坪坝的丰子恺,并买来《日本帝国主义侵华史》附上,让丰先生继续完成这部作品,以警示国人。丰子恺在1945年5月17日回信给他:"胜利在望,敌罪当由国际判处,此书不画亦可也。"果然,在丰子恺回信不到三个月的8月15日,日本天皇通过广播宣布接受《波茨坦公告》,宣告无条件投降。

至于汪子豆怎样努力成为"三分之一个子恺",要从各方面来审视。他曾打算学习漫画创作,向丰子恺请教要领及细节,丰子恺回信说:"一、中国纸均可,宣纸最佳。二、用狼毫。三、三十二开或十六开本。四、可。五、可。六、多作木炭石膏型写生。七、学字有助,但不必学我,可学章草。八、作画态度。九、二种修养:(一)学习石膏写生,(二)修养人生观。"从这封回信可以看出,汪子豆的提问相当详细,从用纸用笔到书法,从绘画技巧到创作内容与修养。汪子豆虽没能成为一位漫画家,但他编写出版了众多画集,如《八大山人书画集》《八大山人诗钞》《陈老莲任渭长白描人物》《任渭长木刻人物》《永远向前》等,还为一些图书画过插图。

此外,就像丰子恺在家乡的缘缘堂收藏上万册图书那样,汪子豆也收藏了很多书,尤其是丰子恺的作品,一律不惜重金购买。1961年，汪子豆由丰子恺的学生钱君匋陪同去了丰家，丰子恺得知汪子豆收藏了他的图书，问究竟收藏了多少。汪子豆回答"都有"。又问有漫画的真迹吗？汪子豆答"有"。再问有大幅的吗？回答仍然是"有"。最后问有最近画的吗？这时汪子豆摇头了。丰子恺笑了起来，随即拿出自己的近作五幅赠送给他。

这就是"三分之一个子恺"——汪子豆。

（杨子耘）

54. 开明书店的吃饭书

在中国出版史上，民国时期有三家大型出版机构——商务印书馆、中华书局与开明书店。商务印书馆成立于1897年，中华书局成立于1912年，开明书店最为年轻，成立于1926年8月，创办人为章锡琛。到1928年由刘叔琴、杜海生、丰子恺、胡仲持、吴仲盐等人发起改组为股份有限公司，次年，公司成立。

开明书店之所以能够在短时间里与商务印书馆和中华书局并驾齐驱，靠的是一流的编校质量、印刷装订、装帧设计，以及强大的学者、编辑、作家队伍，包括——夏丏尊、叶圣陶、顾均正、唐锡光、赵景深、丰子恺、王伯祥、徐调孚、傅彬然、宋云彬、金仲华、贾祖璋、周予同、郭绍虞、王统照、陈乃乾、周振甫等。

使开明书店迅速强大的另一大支柱就是开明书店的"吃饭书"——教材，包括《开明国语课本》《开明英语读本》等。

《开明国语课本》是一套影响了中国几代人的语文教材。这套教材自 20 世纪 30 年代初出版后便一版再版,重印达四十多次。作为语文教材,这套书摒弃了"之乎者也"的文言文而用了通俗易懂的白话文。全套教材从初小八册到高小四册,由叶圣陶先生亲自编写。作为作家的叶圣陶,也是个教师,又是开明书店的编辑,由他来编写可谓游刃有余。课文里有很多生活常识、小故事、历史传说和儿童歌谣等,涉及面很广,同时又是小学生喜闻乐见的。教材的插图由丰子恺绘制。丰子恺的热爱儿童众所周知,他接受叶圣陶的邀请,为每篇课文精心绘制插图,并放弃用铅字排印,而是用工整的正楷字体手书。这些用心之举,让这套教材从 20 世纪 30 年代初一直热销到 21 世纪,成为深受学生、家长、教师欢迎的长销书。

丰子恺绘《开明国语课本》第一课插图

开明书店的另一套"吃饭书"是《开明英语读本》,由林语堂编撰,丰子恺绘制封面及插图。从 1928 年至 1929 年分三册推出,后又配套出版林语堂编《英文文学读本》二册、《开明英文文法》三册。

丰子恺绘《开明英语读本》插图

《开明英语读本》在当时风靡各校，从而成为开明书店的"吃饭书"，这与擅长描绘儿童漫画的丰子恺所作插画也有一定关系。据说当时商务印书馆曾为林语堂开出百分之十的版税，但林语堂提出编书期间每月支付生活开支三百元，将来从版税中扣除，商务印书馆没有接受，而开明书店章锡琛竭力促成了这笔对于开明书店而言有重大意义的"生意"。

为迎合中学生的心理特点，林语堂托开明书店约请丰子恺为《开明英语读本》绘插图，从而达到"图文并茂"的效果，并允诺从自己的版税中拿出百分之二作为插画版税。由于版税不高，丰子恺当时也没怎么在意，但拿到版税时数额之大着实让丰子恺大吃一惊。丰子恺在《平生自序》一文中说："卅二岁（1929年）时幼女一吟生，次年我母逝世。我的著作版税收入渐多。就遵母亲遗嘱，在石门湾建造缘缘堂，于民国廿二年（1933年）完成。"

正是这两套"吃饭书"，带动了开明书店其他教材的出版。据统计，到1949年，教科书的收入已占开明书店全年总收入的百分之六十二,所以有人说,开明书店的营业"是完全建筑在教科书上面的"。

(杨子耘)

55. 在一幅幅封面上描绘诗意
——谈丰子恺的书籍装帧艺术

朱光潜曾说:"丰子恺从顶至踵,浑身都是个艺术家。他的胸襟,他的言论笑貌,待人接物,无一不是艺术的,无一不是至爱深情的流露。"这一评论抓住了丰子恺艺术特色的本质,即艺术来自对生活的热爱。

丰子恺的艺术创作表现在多个领域,除了漫画,还有散文创作、文学翻译、艺术教育、文艺理论、封面设计等。丰子恺的封面设计作品,以漫画入装帧,率真、简洁、亲切,注重诗意和童趣,讲求构图和图案,造成一种有温度的装饰效果。

从生活的角度设计图书封面

丰子恺在浙江省立第一师范学校读书时,曾参加学生艺术团体"乐石社",该团体由李叔同和夏丏尊任指导老师。丰子恺就是在这一时期初步掌握了木刻和金石的技法。朱光潜认为丰子恺的早期作品就是木刻。他回忆说:"丰先生刻木刻是在白马湖时候,即1923、1924年间。我们大家经常在一起谈天,他常常是当场画好了立即就刻,刻好后就传给我们看。"朱光潜所说的"白马湖时候",是指丰子恺在上虞白马湖畔春晖中学任教时。这时丰子恺开始涉足图书封面设计领域,他的许多作品是单色的,与李叔同的《南社通讯录》风格近似,那锐利的线条让人联想到木刻版画的刀锋痕迹。

尽管丰子恺学习并实践过木刻技法,其画作也很有木刻韵味,但随着印刷技术的进步,锌版、铜版制作已很普及,他的封面画大多改以毛笔描绘后直接制版印刷。这一表现形式的变化,更加突出了丰子恺在封面设计艺术上的独特风格。

林语堂曾向丰子恺约稿,请他写一篇《谈漫画》,他坦言对自己的画的性状还不知道,怎么能够普遍地谈论一般的漫画呢?"我的画与我的生活相关联,要谈画必须谈生活,谈生活就是谈画。"同样地,丰子恺也是从生活的角度来设计图书封面的。

他对书籍装帧所持有的理念,比较集中地反映在为《君匋书籍装帧艺术选》撰写的前言里:"深刻的思想内容与完美的艺术形式的结合,是优良艺术作品的根本条件。书籍装帧既属艺术,当然也必具备这条件,方为佳作。盖书籍的装帧,不仅求其形式美观而已,又要求能够表达书籍的内容意义,是内容意义的象征。这仿佛是书的序文,不过序文是用语言文字来表达的,装帧是用形状色彩来表达的。这又仿佛是歌剧的序曲,听了序曲,便知道歌剧内容的大要。所以,优良的书籍装帧,可以增加读者的读书兴趣,可以帮助读者对书籍的理解。"

他画画时,在内容上不借鉴或模仿,只在生活中寻找素材,获取灵感。在书籍装帧上,他也有同样的主张:"当然可以采取外国装帧艺术的优点，然而必须保有中国的特性，使人一望而知为中国书。这样，书籍便容易博得中国广大群众的爱好。"

把漫画引入封面的第一人

姜德明说丰子恺"第一个把漫画引入封面"，陈星指出"子恺漫画不以讽刺、滑稽见长，而是体现出更多的抒情性和诗意"。丰子恺在封面设计的道路上不断追求创新，用"形状"和"色彩"来表达他对图书的理解，也在一幅幅封面上描绘抒情和诗意。

《海的渴慕者》是丰子恺的第一幅封面设计作品。这是一本1924年出版的短篇小说集，《海的渴慕者》是其中的一篇，讲述了一个青年因家庭、社会压力以及爱情挫折等多重束缚和不幸遭遇而陷入悲观绝望，最终跳海自杀的故事。作者孙俍工与夏丏尊是湖南第一师范学校的同事，而夏丏尊与丰子恺又是白马湖畔的邻居，孙俍工的这本《海的渴慕者》，由夏丏尊作序，丰子恺设计封面。书封的画面为一个赤身的人坐在礁石上，头发竖立，双手张开，抵住身下的礁石。他面向大海，远处海平面下升出的一点太阳，刺射出的光线占据了半面篇幅，张力感十足。

《我们的七月》是"我们社"的创刊号，对丰子恺意义重大。在这本刊物上，他发表了第一幅漫画作品《人散后，一钩新月天如水》。这幅画以简练的线条勾勒出卷帘和窗几，以及尚有余温的茶壶茶杯，窗外的一钩新月，散发出静谧温馨的意境。郑振铎正是看到这幅漫画，才开始不断向丰子恺约稿，在他主编的《文学周报》上发表。积累日久，这才有了文学周报社《子恺漫画》的出版。"从此我才知我的画可以称为'漫画'，画集出版时我就遵用这名称，定名为'子恺漫画'。"

《从军日记》的封面则很有意思，它有两个封面，一个外封，是丰子恺的女儿——六岁软软（丰宁馨）的画作，稚嫩的手笔描绘了五个战士奔赴沙场的景象；一个内封，是丰子恺自己画的，因为担心作者谢冰莹不能接受小女孩的封面画，作为备选。谢冰莹两幅作品都不愿放弃，这本书也就有了两个封面。

一幅幅别致的封面，亦如"一片片的落英都含蓄着人间的情味"。《我们的六月》的封面，一袭绿色铺展开来，带来沁人的宁静与清凉。朱自清的《踪迹》，封面上竖幅的海景，白云朵朵排列，海鸥低飞，浪花错落有致，还有大幅留白。《音乐的

丰子恺设计的
《踪迹》封面

丰子恺设计的
《音乐的常识》封面

常识》封面设计了两个人在树下背对背吹奏的音乐元素。《爱的教育》上闪耀的"红心",展示了扑面而来的爱意。《中国青年》的封面,丰子恺按照这本杂志所担负的使命,两份封面都有"一支箭"的元素,表达了矢志不渝的信念,寓意深刻。《童话概要》和其他擅用背影的封面一样,画面上三个孩童的背影,在硕大圆月的映衬下,格外让人爱怜。《国木田独步集》封面用剪影的艺术手法,通过树间弯月、屋檐猫影、窗畔读书人,构建出一幅安逸舒心的画面。《世界音乐家与名曲》的封面再度用剪影展现了音乐厅里的整支乐队,有一种音符溢出的效果。此外,还有《儿童故事》系列封面,画面和谐,充满童趣。

丰子恺设计的
《童话概要》封面

丰子恺设计的
《国木田独步集》封面

三代师生的书籍装帧艺术

中国现代书籍装帧设计艺术起步很晚,大致始于清末。鸦片战争以后，西学东渐，大量西方的哲学、科学、文学、艺术等书籍被翻译引入中国。到甲午战争后，日文译作开始增多，同时日式装帧形式也开始引入国内，出现了精装和平装两种装订形式。由此，开启了中国现代书籍装帧的历史，并涌现出许多知名的装帧设计家。

丰子恺是李叔同的学生，而陶元庆、钱君匋又是丰子恺的学生，三代师生在中国近代封面画木刻、漫画描绘以及图案装饰上起到了相当重要的作用。

1905年8月，李叔同赴日本留学，次年2月出版发行《音乐小杂志》，这是我国第一本音乐杂志。其中，除了两幅插画和三篇文章为日本人所作，其他都出自李叔同手笔，包括编辑出版事务都由他一人包办。《音乐小杂志》是六十四开本的小册子，封面彩色印刷，总体蓝色调，彩色套印。上端是手书刊名，右侧是一束罂粟花，中间是黑色五线谱，衬以浅黄底色。五线谱选的是法国《马赛曲》。这样一帧封面，在1906年的中国堪称时髦。丰子恺的封面画《海的渴慕者》《童话概要》《苓英》《世界奇观》《青鸟》等，也都沿用《音乐小杂志》横排从右向左的书写形式。

丰子恺从日本"游学"归来后，在上海专科师范学校教授西洋绘画和图案画课程，学生中有陶元庆与钱君匋。当时陶元庆特别喜欢封面设计，鲁迅出版的图书封面都是由他"承包"设计的。钱君匋与陶元庆关系密切，陶元庆设计封面，钱君匋一旁看着，很快掌握要领，也开始接触书籍装帧设计这门艺术。

陶元庆设计封面，采用的是略带抽象的图案装饰设计，这在中国封面装帧史上是一种大胆创新。他为鲁迅的译作《苦闷的象征》设计的封面,就是用非写实的手法描画一个在压抑中挣扎的半裸妇人,那略带恐怖的画面,很好地表现出"苦闷的象征"这个主题,得到鲁迅的赞同,认为这样处理"使这书披上了凄艳的新装"。陶元庆为鲁迅设计的第二幅封面作品是《彷徨》,他选用橙红色的纸张作为底色,配以黑色玩偶般的装饰人物和一个猛砸下来的大太阳。鲁迅称赞"书面实在非常有力,看了使人感动"。

陶元庆也引荐钱君匋认识了鲁迅,使钱、鲁二人成为忘年交。钱君匋设计的封面,也得到鲁迅的好评,钱君匋就此成为知名的装帧设计家。钱君匋的设计思想与丰子恺十分接近。钱君匋曾说,封面设计"首先难在独特构思,否则画出来的作品无个性。成功的书面画,要把书的中心内容和盘托出,又杜绝浅、露、甜、媚、尖、脆,跳过这几条铁门槛,达到浑涵、含蓄,有画外之味,图有尽而意无穷"。封面也可以"从侧面体现书的意境,道是无关却有关,拨动读者想象之弦,使之余音袅袅"。钱君匋还从商业角度阐释了封面设计:"一本书放在一千本书中,要能第一个抓住读者的视线,使之不忍离去,不由自主地想翻开书看上一眼,这本书的封面设计才算是成功的。"

李叔同、丰子恺、钱君匋和陶元庆三代师生,都是大师级的装帧设计家。他们的封面作品构思独特、画面和谐、寓意深刻、各具风格;他们对图书封面设计的独到见解和深刻阐释,至今仍不过时,仍具有借鉴意义。

(高杨 杨子耘)

56. 丰子恺的插画艺术

丰子恺有一段十分形象的"人生三层楼"比喻：人生的一楼是物质生活，二楼是精神生活，三楼是灵魂生活。物质生活就是衣食住行，精神生活是文学艺术，灵魂生活是哲学宗教。他说弘一法师"人生欲"非常强，居二楼已不能满足，就爬上三楼去做了和尚。而自己"脚力小，不能追随弘一法师上三层楼，现在还停留在二层楼上"。但在这专司文学艺术的二楼的每一个角角落落，丰子恺都很有建树——从绘画、随笔，到书法与篆刻；从作曲、填词到音乐普及与音乐理论；从艺术教育到三种语言的文字翻译；从图书封面设计到内文的插图，都留下了丰富多彩的篇章。

和很多民国时期的作家和翻译家一样，丰子恺很早便参与到图书和刊物的封面、版式与插画的艺术设计与创作之中。1926年他就为他的老师夏丏尊的译作《爱的教育》画了插画并设计了封面。此后丰子恺的插画作品不断问世，他为郑振铎主编的《小说月报》画过不少插画，因为往往放在杂志正文的前面，所以郑振铎为这些画取名"扉画"。

在三十多年的插画创作生涯中，丰子恺共创作了一千多幅插画，这一数量占其全部绘画作品的近百分之三十。丰子恺曾写文章评说绘画与文学作品的关系。他认为绘画与文学关系极其密切，甚至就是文学作品的"插图"。他说：

中国的山水画也常与文学相关联。例如《兰亭修禊图》《归去来图》，好像在那里为王羲之、陶渊明的文章作插图。最古的中国画，如顾恺之的《女史箴图》，也是张华的文章的插图。宋朝有画院，以画取士，指定一句诗句为画题，令天下的画家为这诗句作画。例如题曰《深山埋古寺》，其当选的杰作，描的是一个和尚在山涧中挑水，以挑水暗示埋没在深山里的古寺。又如题曰《踏花归去马蹄香》，则描的是一双蝴蝶傍马蹄而飞，以蝴蝶的追随暗示马蹄的曾经踏花而留着香气。这种画完全以诗句为主而画为宾，画全靠有诗句为题而增色。

正是基于绘画与文学作品密切关联的理念，丰子恺以"不变"与"多变"的方式，为二十多本书创作了风格迥异的插画。"不变"体现在丰子恺那一眼便可认出的漫画风格；"多变"则体现在他根据不同图书的内容以及不同的读者对象，深入解读作品，凭借深厚的文学素养，创作出富有个性的插图。比如《开明国语课本》插图的创作，丰子恺巧妙地呼应了叶圣陶为小学生所撰写的亲切和蔼的文字风格，以温柔而朴素的画面与小读者对话，同时，为拉近作者与读者的距离，丰子恺没有采用冷冰冰的铅字排印的方式，而是

丰子恺绘《开明国语课本》插图

自己一笔一画用楷书手抄，这样的画面，会让小学生感到无比亲切。再如《阿Q正传》的插画，丰子恺为让当时文化程度不是很高的底层民众能够读懂鲁迅先生的著作，他以叙事的类似连环画的方式，塑造了他心中阿Q的形象——厚嘴唇，杂乱的头发，拖着一条长辫子。又如叶圣陶的《古代英雄的石像》，丰子恺的插画画风又变得充满童趣，那幅"像盂兰盆会中出现的那些纸糊的大头鬼"的滑稽画面，读来定会让人忍俊不禁。

丰子恺绘《古代英雄的石像》插图

丰子恺集漫画家、文学家、艺术教育家和翻译家于一身，而在众多插画艺术家中，他是特色十分鲜明、成就非常突出的一位。一般来说，插画作品大多是画家闲暇时的兴趣之作，是一种友情客串，但丰子恺却画得非常认真。而民国时期的装帧设计，还没有整体设计的理念，插画描绘、封面设计以及正文的版式一般会分属不同人员来完成。而丰子恺因为有在开明书店当美术编辑与设计的经历，经常从图书版式、封面设计到插画，都是独立完成的，这与现代出版装帧的工艺流程不谋而合。这些特点，正是丰子恺插画艺术的独特之处。

（杨子耘）

57. 从《武训传》到教育育人

提起丰子恺的漫画小说，人们自然想起鲁迅小说和茅盾小说，其实还有张默生几经沉浮的《武训传》。张默生是山东临淄人，1919年考入北京高等师范学校，后回山东任教。抗战时流寓四川，受聘于重庆大学、复旦大学，中华人民共和国成立后担任过四川大学中文系主任。1957年受到不公正待遇，在忧患贫病中度过晚年，1979年寂然辞世。

《武训传》原是张默生《异行传》中的一篇。《异行传》写作的缘起也颇为异行：抗战时张默生刚刚入川，未承想他三个年龄从八岁到七个月不等的儿子一年之间竟然先后被病魔夺去生命，遭此巨创的张默生以诵研佛经与写作来排遣郁闷。

《异行传》的记述对象多为无名小人物及怪论奇行的人，武训也被张默生收纳书中，篇名叫《义丐武训传》，后来，他看到陶行知的评论，大意是说武训不是异人，不是苦行者，不是圣人，只是一个肯负责任的平常人，一个以办学为快乐的平凡人，是一个伟大的老百姓。陶行知的这番话促使张默生把《义丐武训传》从《异行传》里抽了出来，张默生自己说是将"武训解放出来"，另印单行本出版，这便是1946年由济东印书社出版，上海东方书社发行的《武训传》。书中附有丰子恺所作插图二十幅，这些插图与文字相得益彰，不仅具有连贯的故事情节，还极富幽默感，颇具观赏性。该书出版后大受欢迎，

丰子恺绘《武训传》插图

当年便再版。

张默生的《异行传》(分二集)在1944年结集出版,封面是丰子恺画的漫画。我们尚未找到丰子恺与张默生交往的资料,但肯定的是张默生十分仰慕丰子恺的绘画艺术,他在《武训传》序文中说:"又承丰子恺先生为插画二十余幅,这样,不惟可以帮助读者增加了解的成分,即单丰先生的大笔而论,已是为天下人争先观赏的。我的文字,不过仅可供画幅的说明和引申而已。"

至于说到丰子恺为《武训传》画插图的背景,因为济东印书社又名济东印书局,是上海在山东的代理店。丰子恺经常与开明书店合作,关系很密切,笔者猜想很可能是开明书店向丰子恺约稿的。除了《武训传》《异行传》外,丰子恺还为张默生的《王大牛传》《黑魔教主传》画过封面。

在张默生的诸多传记作品中,《武训传》是一部影响很广的作品。讲到武训其人,不说他是个异人倒也可算是个"盖棺论不定"的奇人。生活在清朝后期,穷苦出身的他,连个名字都没有,一生乞讨,遭人打骂,受尽屈辱,为穷孩子兴义学,人称"义丐"。他受到清廷的表彰嘉奖,赐名训、赐"乐善好施"匾,又赐黄马褂等,受尽荣宠。

后来,武训得到社会各界的褒奖、赞扬,几乎成为社会道德模范和精神偶像。人民教育家陶行知先生就一贯推崇武训，主张学习他的精神，1944年他还主动找到导演孙瑜，希望把武训的事迹搬上银幕，几经周折《武训传》终于在1951年年初拍摄完成，电影一经公映好评如潮，主演赵丹曾说过，武训是他在银幕中演得最成功的角色之一。当时主管文化宣传的胡乔木还亲自组织评论文章在报纸上发表，进一步宣传推广。所有这一切在1951年5月20日发生了逆转，那天《人民日报》发表了社论《应当重视电影〈武训传〉的讨论》，接着开展了一场全国规模的对《武训传》的批判运动，武训从高峰跌入低谷，前后判若两人，与《武训传》相关的人大都受到批评和牵连，而丰子恺当时有幸没被波及。在此后的岁月里，武训其人和有关武训的文艺作品成了禁区，大家都讳莫如深不再提起，难怪大多数人不知道丰子恺还为《武训传》画过封面和插图。

（吴达）

58. 停船三里路

丰子恺的创作范围很广，涉及漫画、随笔、翻译、诗词、书法及装帧设计等，且数量极多，那么，丰子恺是怎样创作的呢？他说，"随笔的'随'和漫画的'漫'，这两个字下得真轻松。看了这两个字，似乎觉得作这种文章和画这种绘画全不费力，可以'随便'写出，可以'漫然'下笔。其实决不可能"。

丰子恺的工作状态，视从事的工作而定。假如你看到丰恺正在他的"缘缘堂稿纸"上耕耘,旁边坐着他的太太,正一面做着针线活,一面有一搭没一搭地说着家常闲话,那么,这时候丰子恺一定是在翻译。按照他的习惯,往往早已熟读外语原文,一些难点也已攻克,到正式翻译的时候只要一句句照原文翻译就行,所以可以翻译一段小歇一下,聊聊家常。

丰子恺写毛笔字又是另一种情景,这时候是不怕人多不怕嘈杂的,最好是有一群人围观欣赏,看他的毛笔行云流水般在宣纸上飞舞。碰到长长的一竖,如果有人像看京剧那样大声喝彩,丰子恺必然愈加兴奋,字也越写越好。这幅"月暗小西湖畔路"就是这样,最后的"归"字的长长一竖,使整幅书法好似芭蕾一般瞬时舞动起来,不得不说这是跳跃灵动的点睛之笔。

还有一种情况,丰子恺把自己关在房间里,身边没有人陪伴,书桌上只有一叠稿纸,或者一张宣纸,桌子前面放着的是烟灰缸和茶杯,只见他左手夹着一支香烟,右手握着派克钢笔或者毛笔,那么,这时候他不是在写一篇散文,就是在创作一幅漫画。这个时候他的思路是不允许被打断的,需要的是一气呵成。丰子恺以家乡的摇橹船来作比喻:"我们石门湾水乡地方,操舟的人有一句成语,叫做'停船三里路'。意思是说:船在河中行驶的时候,倘使中途停一下,必须花去走三里路的时间。因为将要停船的时候必须预先放缓速度,慢慢地停下来。停过

丰子恺书法

之后再开的时候,起初必须慢慢地走,逐渐地快起来,然后恢复原来的速度。这期间就少走了三里路。三里也许夸张一点,一两里是一定有的。我正在创作的时候你倘问我一句话,就好比叫正在行驶的船停一停,我得少写三行字。三行也许夸张一点,一两行是一定有的。"

丰子恺《好花时节不闲身》

据说,丰子恺在写作的时候,由于聚精会神,左手那香烟的烟灰会不经意地掸落在与烟灰缸并排放着的茶杯里,为了"不停船",他会将就着喝着混入烟灰的茶,而且他还说:"茶里加了香烟灰,味道有些特别,然而并不讨厌。"

(杨子耘)

59. 为《小朋友》画的封面画

《小朋友》是一本"百年"老杂志，创刊于 1922 年 4 月，当时为周刊，由中华书局出版；1937 年 10 月因战乱停刊；1945 年 4 月在重庆复刊，改周刊为半月刊，后又改为月刊。1945 年年底随中华书局迁回上海。

在 20 世纪 20 年代，商务印书馆的《儿童世界》和中华书局的《小朋友》从办刊质量到销售数量都是数一数二的。《儿童世界》的内容侧重于儿童文学作品，《小朋友》的内容则更为通俗多样，这一点从《小朋友》的内容与编排上便可看出——不但有小说、故事、诗歌，还有谜语、歌曲及笑话等，同时配有大量图片，这种多样性与浅显易懂使《小朋友》在销售上夺得了第一名。

《小朋友》杂志的语言也是极为亲切平和的，比如创刊号上主编黎锦晖先生所写的"《小朋友》宣言"："小弟弟，小妹妹，我愿意与你们要好。我就是你们的好朋友。我的内容，有唱歌，有图画，有短篇故事，有长篇小说，有笑话，有谜语，有小朋友……材料很多，并且很有趣味。我，每星期五出来一次，你们要看我，我在中华书局等着你们。若是你们要我每星期上你们家里来，就请定一份。小朋友们呀！小朋友们呀！我爱你们。你们也爱我吗？"这就如同丰子恺先生所言："对孩子讲话的时候，须得亲自走进孩子的世界中去，讲他们的世界中的话。即你们对孩子讲话的时候必须自己完全变成孩子。"黎锦晖先生为丰子恺立达学会同人，他所写的《小朋友》宣言，完全就是用孩子的口吻与《小朋友》的读者在对话、在交流。

以儿童为本的丰子恺，1962年曾专门为《小朋友》复刊后的第二百期画了绘画《大家读》，1957年和1959年也都为《小朋友》画过封面画，而最早是在1931年，丰子恺为《小朋友》画了一组封面画，主题为儿童生活，包括《骑白鹅》《大伞》《跳舞》《划船》《荡秋千》《看书》《月船》《月亮出来了》《写字》《睡着了》《树下看书》《两姊妹》《飞起来了》，一共画了十三帧。这些画面，有的描绘的是孩子们的日常起居生活，有的描绘的是孩子们梦中的美好景象。之所以画了十三帧，是因为当时是周刊，而每一个季度的封面为同一风格，一个季度有十三周，这样一个季度自成相同风格的一套。

丰子恺1957年为《小朋友》所画封面

丰子恺为《小朋友》第二百期所绘《大家读》

丰子恺绘《小朋友》
封面画《划船》

丰子恺绘《小朋友》
封面画《月船》

丰子恺绘《小朋友》
封面画《月亮出来了》

丰子恺绘《小朋友》
封面画《飞起来了》

丰子恺是封面装帧大家，从 20 世纪 20 年代中期开始，他的漫画就被用于图书的封面设计中。以漫画作为图书封面，丰子恺为先驱，而他为《小朋友》杂志所绘的漫画封面，更为这本刊物锦上添花。

（杨朝婴）

60. 一只"高傲"的白鹅

丰子恺先生在 20 世纪 40 年代写了一篇状物类散文《白鹅》，全文感情真挚，幽默诙谐，生动可爱，令人百读不厌。最初以《沙坪小屋的鹅》发表于 1946 年 8 月 1 日《导报》月刊第 1 卷第 1 期，后编入 1957 年版人民文学出版社《缘缘堂随笔》时，改名为《白鹅》。现收入 1992 年 6 月浙江文艺出版社、浙江教育出版社出版的《丰子恺文集》第 6 卷。

1937 年"八一三"淞沪会战爆发后，丰子恺抱着"宁做流浪者，不当亡国奴"的决心，毅然决然地带领全家踏上了辗转流徙的逃难之路。1937 年 11 月，他们从家乡石门湾出发，经桐庐、上饶、萍乡、长沙、汉口、桂林、宜山、思恩，1940 年 1 月到达遵义。后来，由于战事逼近，1942 年 11 月，全家离开遵义抵达重庆，丰子恺在重庆的国立艺术专科学校（中国美术学院的前身）担任艺术教授兼教务主任。1943 年 5 月，在沙坪坝正街以西的庙湾租得一块土地，自建"抗建式"的竹篱笆涂上泥巴的小屋。那是一所极为简陋的平屋，地处荒凉，四周没有邻居，丰子恺把这所小屋命名为"沙坪小屋"。之后，他便辞去教职，专事写文作画。

当时正值抗战时期，生活条件艰苦，人们内心更是焦虑苦闷。有一日，友人夏宗禹送给丰子恺一只白鹅。那时，他在读书作画之余，在院子里种豆、种菜、养鸽、养鹅，这成了他排遣苦闷的一种寄托。丰子恺说："赖有这只白鹅，点缀庭院，增加生气，慰我寂寥。"这样一只"高傲"的白鹅在抗战期间，让作者那岑寂的生活平添了几分乐趣。1947年4月，丰子恺在临到复员搬迁时，对其余一切绝无留恋，唯有这白鹅使他恋恋不舍，似同与人诀别一般令他伤感动情，于是写下了这篇著名的散文佳作。

丰子恺的散文创作和他的漫画一样，具有"小中能见大，弦外有余音"的特点。郁达夫曾说："人家只晓得他的漫画入神，殊不知他的散文，清幽玄妙，灵达处反远出他的画笔之上。"日本作家谷崎润一郎说："他所取的题材，原并不是什么有实用或深奥的东西，任何琐屑轻微的事物，一到他笔端，就有一种风韵，殊不可思议。"丰子恺善于从日常生活中琐屑平凡的题材入手来阐述人生哲理，从而抵达至高的艺术境界。这是丰子恺散文创作的一个重要特征，本文即是这样的散文名篇。

文章通过对比、反语的写作手法，从白鹅的叫声、步态和吃相三个方面为我们塑造了一只"高傲"的白鹅。作者用鹅的"引吭大叫"与狗的"狂吠"作对比，表现鹅的叫声"大"和"严厉"的特点；用鸭的"步调急速，有局促不安之相"，显示出鹅"步调从容""大模大样"的大家风范；通过对狗"躲在篱边窥伺""敏捷地跑过来，努力地吃它的饭""立刻逃往篱边，蹲着静候"等如小偷般的猥琐相的描写，彰显鹅的老爷派头。对比之后，白鹅幽默风趣的形象跃然纸上。用"我们的鹅老爷""不胜其烦""架子十足"等似乎含有贬义的词语表现鹅的个性，更显得这只鹅虽然固执迂腐，却率真质朴，憨态可掬，字里行间可感受到作者对白鹅的喜爱之情。运用反语，达到了明贬实褒的艺术创作效果。另外，作者还创作了《沙坪小屋》和《鹅老爷吃饭》

丰子恺《沙坪小屋》

两幅形神兼备的插图作品，增强了文章的可读性和趣味性，激发了读者的阅读兴趣。

白鹅的旧主人夏宗禹（1921—1995），又名夏景凡，河南禹县（今禹州市）人。著名记者、新闻编辑、学者。1944年夏宗禹在重庆与丰子恺先生相识，曾拜丰子恺为师，他们关系亲密，情谊深厚。《丰子恺全集》（海豚出版社2016年10月）"书信日记卷二"中收录了丰子恺致夏宗禹书信35通。夏宗禹晚年为弘扬君子之风，潜心搜辑近世名家墨妙，穷十年之功编纂出版《君子书》，有《弘一大师遗墨》《马一浮遗墨》《叶圣陶遗墨》《丰子恺遗作》等四种

丰子恺《鹅老爷吃饭》

行世,使弘一大师、马一浮、叶圣陶、丰子恺四位先生的道德文章永世流芳,世所传扬。

(褚万根)

61. 美无处不在

丰子恺先生说,"平常的人,平常的地方,平常的东西,都有美的样子",他只是负责将这些美的瞬间记录下来,让读者可以看看,可以想想,可以回味。丰子恺的绘画和他的随笔之所以接地气,之所以受到广大群众的喜爱,正是因为其来源于日常生活的瞬间。正如法国雕塑家罗丹所说:"生活中并不缺少美,而是缺少发现美的眼睛。"丰子恺用他善于发现美的眼睛捕捉美,再通过他的画笔与钢笔,把美传递给他的读者。

试切下几片糕来,不要立刻塞进口里,先来当作小小的画片观赏一下。有许多极自然的曲线,描出变化多样的形象,疏疏密密地排列在这些小小的画片上。倘就各个形象看:有的像果物,有的像人形,有的像鸟兽,还有许多像台湾。就全体看:有时像蠹鱼钻过的古书,有时像别的世界的地图,有时像古代的象形文字,然而大都疏密无定,颇像现在窗外的散布着秋云的天空。古人诗云:"人似秋云散处多。"秋天的云,大都是一朵一朵地分散而疏密无定的。这颇像胡桃云片上的模样。

——丰子恺《胡桃云片》

我的爱点香,是为了香的烟缕的形象的美。我们所居的房屋中,所陈列的物件,都是静止的。好画满壁,好花满瓶,好书满架,都是不动的。久居在静止的房间内,有沉闷,单调之感。有的人爱养鸟,大概是欢喜它的动。窗前挂一个鸟笼,听听鸟的鸣声,看看鸟在樊笼内跳来跳去的动作,可以打破静的沉闷与单调。但我不爱这办法。把天空遨翔的动物禁锢在立方尺内,让它哀鸣挣扎,而认为乐事,到底不是好办法。与其养鸟,远不如点香。香烟缭绕,在空中画出万千种美妙的形状,实在是可以赏心悦目的。古人称之为"篆缕""篆烟",以其飘曳的形状颇像篆文。

——丰子恺《我的烧香癖》

记得有一次,上海的友人要买一个木雕的捧茶盘的黑人送我,叫我放在室中的沙发椅子旁边。我婉言谢绝了。因为我觉得这家具与你的全身很不调和,与你的精神更相反对。你的全身简单朴素,坚固合理;这东西却怪异而轻巧。你的精神和平幸福,这东西以黑奴为俑,残忍而非人道。

——丰子恺《告缘缘堂在天之灵》

我在贫乏而粗末的自己的书房里,常常欢喜作这个玩意儿。把几件粗陋的家具搬来搬去,一月中总要搬数回。搬到痰盂不能移动一寸,脸盆架子不能旋转一度的时候,便有很妥帖的位置出现了。那时候我自己坐在主眼的座上,环视上下四周,君临一切。觉得一切都朝宗于我,一切都为我尽其职司,如百官之朝天，众星之拱北辰。就是墙上一只很小的钉，望去也似乎居相当的位置，对全体为有机的一员，对我尽专任的职司。我统御这个天下，想象南面王的气概，得到几天的快适。

——丰子恺《闲居》

这乡间的木工，也有一种简朴的巧。这房子虽然茅茨土阶，有两种木工很值得注意。其一，是牛棚和灶间的窗上的花纹：牛棚——就是现在我家新生的小儿的卧室——的窗上，用木条构成"富贵长春"四个字，不是篆文，而是行楷体，布置比近来流行的图案字好看得多。此木工能兼顾文字的形体与力学的条件，即兼顾美术与实用，使文字不失其神气而用时又坚牢，甚多嘉许也。灶间的窗与之相对，其四字为"福禄善庆"，构造亦佳。我叫孩子们抄录下来，贴在这里。

——丰子恺《教师日记》

必须是多数人共感的美，方能成为艺术。同感的人愈多，其艺术愈伟大。

——丰子恺《艺术的性状》

（杨朝婴）

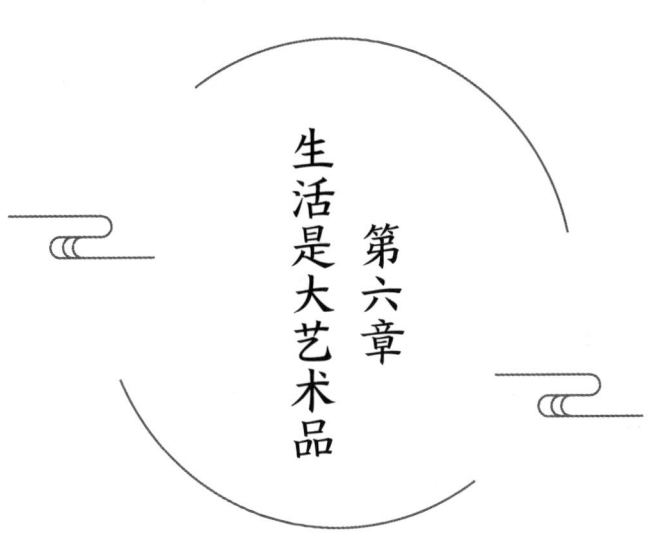

第六章
生活是大艺术品

62. 丰家的桐乡方言及暗语

丰子恺家的日常对话用的是桐乡方言，即使需要演讲或者发言，也是用一种立足于方言的"浙江石门官话"，所以抗战期间他担任教师，在桂林师范学校教国文课时，用浙江石门官话朗读了中华版师范国文读本第一册的第二篇，正是他的随笔《我的苦学经验》中的内容。读完后他发现，竟然有半数广西学生没有听懂。但丰子恺利用黑板和粉笔，把这门课给完成了。他说："我教你们国文，第一步先须使你们能听懂我的话。我所说的，是浙江口音的普通话，难怪你们不懂。……你们听惯了中国各省的言语，胸襟和气魄也会广大起来，不限于广西一省，而扩张于中华全国。这种训练，在你们广西人是很受用的。"

丰子恺不但在家里只讲方言，还把方言中一些有趣奇妙的词汇用在他的文章里。比如桐乡方言里有个词叫"百坦"，"坦"有坦然、坦荡等意思，"百坦"有慢慢来、从容坦荡的意思。从"百坦"又可以引申出"百坦式"，那可以用来形容慢性子的人，"百坦式"的极致状态，那就是"坦来盆子式的"，试想，"坦"到像盆子那样，便是慢性子的极致了。丰子恺晚年写随笔《四轩柱》，用四轩柱来形容家乡后河那里的四位老太，其中"第三个轩柱"就叫"盆子三娘娘"。因为三娘娘的老公是"盆子三阿爹"，这个三阿爹是个有名的慢性子，

"盆子三娘娘"其实性格一点都不"坦"，却继承得"盆子三娘娘"这个名号。而这个"坦来盆子式"的形容词同样会用在丰家家人身上，谁慢性子做事情不够利落，就会得到一句"坦来盆子式"的评价，倒也不一定是责怪，只是揭示这样一种现象。

丰子恺不但可以灵活运用方言，还能把家乡的一些事物用作暗语。1968年丰子恺写给正在石家庄当工人的小儿子丰新枚的信中有这样一句话："经布永不来，但有一对来过二三次，肃静数小时，悄悄地离去。"要读懂这句话，先要了解一下时代背景。那是特殊时期，丰子恺受到批判，一楼的客厅、餐厅以及一楼半的"亭子间"都被霸占了，后来二楼的一间房间也被造反派看中了。这个造反派是某领导的亲属，当时正在谈恋爱，便运用权力强取住房，用来与女友幽会。接下来要了解的是"经布"这个词，指的是丰子恺家乡的一种手工织造的土布，以经线和梭子上的纬线织成。经线上下扯动，纬线在梭子里穿梭，给人的印象便是"穿梭忙"，丰子恺就把"经布"这个雅号赐给了造反派。后来"经布"不知为什么"永不来"，却把这个幽会场所转让给了另一对情侣（不清楚是不是造反派同行）。知道了这些，就能读懂丰子恺信中的这句话了。

这种例子还有很多。如丰子恺平反之事，上海有关方面迟迟没有落实，丰子恺便给丰新枚写了首嵌字诗：

看花携酒去
携来朱门家

动即到君家

几日喜春晴

冷落清秋节

可汗大点兵

莫得同车归

死者长已矣

玄鸟殊安适

客行虽云乐

不用加以说明，他的小儿子就领会了其中的意思："看来到春节，可得长安乐。"这长安乐就是丰子恺日夜盼着的平反，只是这长安乐久久没有来到。丰子恺写这封信时是在 1969 年 10 月，到 1973 年初夏，中央统战部组织部分民主人士赴华东参观，叶圣陶亦在其列。当时叶圣陶向上海有关部门提出要看望周予同、巴金和丰子恺三位。但得到的回答是："周予同可以去看，至于巴金和丰子恺，文艺界的情况太复杂，还是不去看为好。"而这时候的丰子恺，显然仍在接受批判。

丰子恺只得以超然物外的淡然来应对这久拖未决的"牛皮官司"，每日"饮'特加饭'，色香味及反应均很好"。只是丰子恺终究没有等到平反的那天。

（杨子耘）

63. 戏迷之家

说丰家是戏迷之家一点儿不为过，不信可看下文。

在抗日战争时期，丰子恺率全家老小一路向西，最后到了重庆，才不再租屋租旅店而有了自己的家，这个家就是沙坪小屋。丰子恺说，这是一幢自建的"抗建式"小屋，地处重庆沙坪坝荒凉的山中，四周没有邻居，孤零零的，远看像一个亭子，所以丰子恺自称"亭长"。沙坪小屋的居住条件极其简陋，就是在竹篱笆上糊上泥巴，可以遮风挡雨，却抵御不了山里的老鼠不时光顾。但在这样简陋的屋子里，却少不了艺术氛围——墙上挂着梅兰芳先生的照片。这是从报纸上剪下来的，照片中梅兰芳留着胡须。丰子恺认为蓄须的梅兰芳比舞台上的西施、杨贵妃更加美丽，因为那时候的江南已是乌烟瘴气，"有些所谓士大夫者，卖国求荣，恬不知耻"，而身在上海沦陷区的梅兰芳，毅然决然地蓄须拒演，这是一种"威武不能屈"的大无畏

丰子恺绘《沙坪小屋图》

精神，值得敬佩，这张照片就此成为丰子恺的珍藏。

沙坪小屋里陈设简陋，除了简单的家居用品，几乎可以说是家徒四壁。然而在这样的环境中却摆放着三台留声机。因为这地方荒凉，没有电，所以这三台留声机都是用发条的。当时丰子恺辞去教职，在家创作漫画与写作。他一刻也离不开留声机，所以这三台留声机一台在用，一台备用，还有一台发条坏了待修理。他在家里听京剧，也听一些交响乐，这些胶木唱片都是从一家旧货店淘来的。据丰子恺的小女儿丰一吟回忆："店里卖旧唱片时不是随你选，而是捆在一起卖的。我们想买的唱片只是京剧的。可买来的唱片里京剧没几张。杂七杂八的很多，如德国大笑、广东音乐、苏滩、大鼓等等。爸爸在缘缘堂时就喜欢上了梅兰芳的京剧。我们受了影响，也喜欢了。每次买一叠来，总算有几张京剧。如果买到缘缘堂时有过的，如《天女散花》《太真外传》《打渔杀家》之类，旧友重逢，欢喜之至。"

如果听唱片还不够身临其境，有时几个子女还会自己演戏。丰子恺的几个子女都是戏迷，沙坪小屋的东墙是他们演戏的地方。主演通常是两位资深戏迷——大女

1954年丰一吟着《凤还巢》戏装与丰子恺合影

儿丰陈宝与小女儿丰一吟,演出剧目是《梅龙镇》等,观众则是丰子恺和他的家人。

对于这两个资深戏迷,丰子恺在诗中都对她们有所描写。写给大女儿丰陈宝的诗是《成都道中闻陈宝毕业中大外文系应南开中学聘率成一律寄示》:

> 雏凤新飞下翅难,近林占得一枝安。
> 他年桃李花争发,此日椿萱意自欢。
> 欧美文章无毕业,皮黄清唱好偷闲。
> 诗成我在成都道,寄与娥眉学士看。
> 　　　　　一九四五年七月于内江

诗中所说的"近林占得一枝安",指的是大女儿丰陈宝在中央大学毕业后,就近受聘于沙坪坝的南开中学,由于读的是英语系,担任英语教师。

写给丰一吟的诗是《寄一吟》:

> 最小偏怜胜谢娘,丹青歌舞学成双。
> 手描金碧和渲淡,心在西皮合二黄。
> 刻意学成梅博士,投胎愿作马连良。
> 藤床笑倚初开口,不是苏三即四郎。
> 　　　　　一九四五年七月于成都

(杨子耘)

64. 美髯丰公

　　抗日战争时期丰子恺避寇暂居遵义时，收到老师姜丹书先生来信，看到其中的附诗中有一句"摸摸光下颚"，丰子恺不由得捋了捋他的长须，笑了起来。一段时期以来，丰子恺不断收到朋友们的来信，说是上海及周边的一些小报记者都在写文章关心他的胡子，如"无锡报载子恺兄在乱山丛林之中步行万里，到达长沙。一掬长须，剃个干净"，"浙江某报标题曰《丰子恺割须抗战》"。他赶紧提笔给老师回信："读来示，见有'摸摸光下颚'一语，恐又是小报谣言所传，恺胡须并未剃脱，一向保留，不知何来此谣传，甚奇（廿七年春，浙地小报即有此谣传，可笑）。大约办报者缺乏材料，借口乱造，以引观听耳。"

　　丰子恺还在日记中风趣地写道："当此国家危急存亡之秋，我之胡须承蒙国人如此关念，实出意料之外。近日新枚在吾怀中，常以小手弄须，时或拔去数根。今后当勿许再弄。此乃报纸之题材，国人所瞩目，小儿岂可乱弄乱拔？日内拟请联华摄一影，以白巾衬须，使之特别显明。多印几张，寄与各地索稿之报志，请其制版刊布，以明前此各报之传讹，并以答其关念之诚。"

　　那么，丰子恺又是为什么一直留着长须呢？这还要从他赴日本求学说起。那时候丰子恺在上海艺术专科学校任教，他明显感觉到自己的学识不够用，有必要赴日本进一步深造，而求学的经费又全无着落。这时他的母亲钟云芳拿出了家里所有的积蓄，并借了债,还卖掉了祖宅,为此受到邻人的非议,因为在当时的传统观念中,这可是"不肖之举"啊。此事深深地铭刻在丰子恺的心头,他从日本回国以后,不断发奋工作,在执教之余勤奋创作,出版了从艺术教育书籍到漫画集、随笔集以及翻译作品等多种著作,经济收入也随之大增,他说:"我的生活渐渐宽裕起来,每年多少有几叠钞票交送母亲。造屋这念头,有一天偷偷地从母亲心底里浮出来。邻家正在请木匠修窗,母亲借了他的六尺杆,同我两人到后面的空地里去测量一会,计议一会。回来的时候低声关照我'切勿对别人讲!'那时我血气方刚,率然地对母亲说:'我们决计造!钱我有准备!'就把收入的预算历历数给她听。"

一座二层楼高的中式结构的缘缘堂终于建造起来,可是这时候,丰子恺的母亲已经去世。按当时的习俗,服丧期间是不可以理发的,而丰子恺的蓄须就是从这个时候开始的,目的也是纪念他的母亲。丰子恺还从他最喜爱的诗人陶渊明的《归鸟·其三》中选取了"欣及旧栖"四个字,请工匠镌刻在门额上。陶渊明的原诗如下:

翼翼归鸟,驯林徘徊。岂思天路,欣及旧栖。
虽无昔侣,众声每谐。日夕气清,悠然其怀。

丰子恺在题写门额时想到了陶渊明的《归鸟·其三》,一定是这首诗最吻合他当时的心情,而"欣及旧栖"不但表达了搬入新居的欣然,更是在怀念母亲那无尽的绵绵的爱。

(杨子耘)

65. 趣味是一件重要的事
——缘缘堂里的钟和樱桃

缘缘堂里有一幅画能活动起来？还全天候变换着花样？20世纪30年代缘缘堂里又没有电，它附在什么东西上面才能这么神奇？思来想去只有钟能胜任，这座神奇的钟，是主人丰子恺用独特的艺术手法让它变成了一幅活动的杨柳春燕图。

画家最讲究构图美，这回丰子恺拿墙上的自鸣钟寻了一回开心。一般的钟面一向很枯燥，不是阿拉伯数字就是罗马字，但如果换个思路，拿油画颜料把钟面涂成天蓝色，再添上几根绿绿的杨柳枝岂不是很好？然后再为一长一短两根指针配上两只黑纸剪成的飞燕，一眼望去，蓝天下两只燕子在杨柳间你追我逐，有时两只针恰到好处，钟面就出现很恰当的构图。好一幅生动的杨柳春燕图，缘缘堂书房顿时充满了艺术情趣。丰子恺说过："把风景当作人物看，叫作'艺术的有情化'。就是情移入于万象中，视山川草木为自己的同类，于是万物皆有生命，皆有情感了。"这是多么浪漫、多么美妙的事情。

丰子恺创作之余常常喜欢变动房间的布局，他把几件粗陋的家具搬来搬去，一月数回。照"市容"说法，这种景象不妨称之为"室容"。室容一变，室中主人也趣味一新，看书写作都顺心了。丰子恺对房间布局很严格，常常要搬到如此情景："痰盂不能移动一寸，脸盆架子不能旋转一度的时候，便有很妥帖的位置出现了。那时候我自己坐在主眼的座上，环视上下四周，君临一切。觉得一切都朝宗于我，一切都为我尽其职司，如百官之朝天，众星之拱北辰。就是墙上一只很小的钉，望去也似乎居相当的位置，对全体为有机的一员，对我尽专任的职司。我统御这个天下，想象南面王的气概，得到几天的快适。"他认为，如果把房间当作一幅画看，主人的座位就是"主席台"，周围大到书架、茶几、椅子、火炉，小到壁上的自鸣钟、角落的痰盂、字纸篓，都应以主人的位子为中心而布置。这跟画面布局是一个道理，有主有次，有稀有疏，这样妥帖之后，人在屋子里必精神自然安定而舒服。

缘缘堂"室容"好，院子里环境也宜人。后院有为孩子们搭的秋千架，前院有半月形的花坛，花坛里种着主人喜欢的芭蕉和樱桃。丰子恺很喜欢宋朝词人蒋捷《一剪梅》中的诗句："流光容易把人抛，红了樱桃，绿了芭蕉。"所以特地种上这两样植物。芭蕉一直长得很好，而樱桃却枯死了。为了不让孩子们失望，丰子恺特地买来樱桃，趁孩子们上学时一串串挂到树上，假装硕果累累的样子，孩子们放学回家见到后，满心欢喜，仿佛意外收获了父亲精

丰子恺《流光容易把人抛，红了樱桃，绿了芭蕉》

心准备的惊喜。

丰子恺曾说:"在人生中,趣味实在是一件重要的事体,如果没有趣味,件件事老老实实地,实实惠惠地做,生活就嫌枯燥。这也是人生需要艺术的原因之一。"

万物有生命有情感,这就是生活的艺术趣味啊!

(杨子耘)

66. 猫咪那些事

丰子恺1963年在长乐邨
日月楼(头顶为阿咪)

丰家世代养猫,从外公丰子恺的父亲晚酌时桌角上端坐着的老猫,到"浑身雪白,伟大如象"的白象,到擅自坐在贵客颈背上的"猫伯伯",再到"群众意见"的代表阿咪,以及那些没有起名的猫,外公每到一处,哪怕抗战时期的逃难途中在某地暂住,家里都会有猫的身影,而最能"化岑寂为热闹,变枯燥为生趣,转懊恼为欢笑"的,是日月楼里的阿咪。

阿咪喜欢热闹,家里人多的时候阿咪最兴奋了。我们一群孩子围坐着,拿一枝柳条或者一根绳子,头上缚个小蝴蝶结之类的,用来逗弄阿咪。阿咪会做出各种捕捉动作,时而向上,时而向后,但每次我们都不会让阿咪捉到那会飞会跳的蝴蝶结。

阿咪不仅任由我们几个孩子戏弄，还挺享受这种游戏。

阿咪也会恼火，还很"记仇"，它会避开"欺负"过它的人。它遇到我姐杨朝婴便是这样的。我姐喜欢与阿咪逗着玩，会把纸袋套在阿咪头上，这时候的阿咪就会不停地向后倒退，试图摆脱纸袋，却怎么也摆脱不了。有时阿咪正在一边打盹，我姐踩一下脚，会把阿咪吓一跳。有时我姐找阿咪玩，它就特意躲着，被逼到无处可逃了会从后楼梯两三步蹿上去逃离。我们去外婆家，保姆英娥阿姨来开门，阿咪听到铃声一般都会一起来迎客，但它一眼看到门口站着的是我姐，便立马转身溜走，弄得英娥阿姨一脸诧异，过一会儿才弄明白阿咪为啥逃跑。

按理说，猫是怕冷不怕热的，但外婆家的猫咪既怕冷也怕热。外公曾经写道，热天猫"穿上那件翻转皮外套，热得厉害，口也渴得厉害"，它每天都要到外公画画用的水盂里饮水三四次。阿咪的父亲是中国猫，母亲是外国猫，它的毛很长，应该比较怕热而不怕冷，阿咪却更怕冷一些。冬天，除了蹦上蹦下和我们做游戏的活动时间，它总会找个舒适暖和的地方休息。它找到的这个地方就是我的大衣里。

上海冬天寒冷，又没有暖气，所以冬天我们去外婆家，在家里大衣还是要穿着的。这时候阿咪就会钻进大衣里取暖，而且它还有本事赖在里面不出来，即使你站着、走着，甚至跑几步跳几下，它都能稳妥地躲在暖和的大衣里。

有一次，阿咪正赖在我的大衣里取暖，正好大家约了去逛淮海路，我想也没想就跟着去了，当然也没有把阿咪请出去。路上看到有体重秤，按照外婆家过年孩子们都要称体重的习俗，几个孩子就依次称体重。结果称出来我体重增长最快,后来才想起原来这是增加了阿咪的分量。

晚上阿咪照样黏人,会偷偷摸到枕边睡觉。阿咪靠得很近,毛蹭在脸上直痒痒,还呼噜呼噜地打呼噜。我实在忍受不住了就把阿咪放到脚边,它一开始是服从的,不多久又会回到枕边,弄得我没法睡觉。

1962年《上海文学》发表了外公应约而写的随笔《阿咪》。其实外公早已隐约觉察到写这样的文章不太适合当时的形势,就在文章开始处写道:"此种文章,无益于世道人心,不写也罢",但拗不过对猫咪的喜爱,还是动笔写了。正是这篇文章后来成为主要批判对象,为外公招来大祸。

1966年6月6日,从外公任职的上海中国画院来了两位不速之客。据我的小姨丰一吟在《我和爸爸丰子恺》一书中记载,他们先是寒暄一番,接着就直奔主题:"丰院长,画院里贴出了一些大字报,其中也有关于您的。您是否可以去看看?"外公虽为上海中国画院院长,但有约在先"没有重要事情不去画院",所以就由一吟阿姨代劳。到了画院就看到一张巨幅大字报,批判的对象正是《阿咪》这篇随笔的内容——"猫伯伯"是"影射"!谁能想到写大字报会用上这种谐音的文字游戏,想象力真是够丰富的!回到家里,一吟阿姨把大字报的内容告诉了外公外婆。这时候的外公脸上没有任何表情,许久才摸出香烟猛吸起来。

查阅当时的批判文章,《阿咪》的"问题"主要在于:写《阿咪》并不是"闲情逸致"的流露,而是"攻击";"特殊而引人注目的人物都可讥讽为伯伯",这是影射;猫伯伯爬到"身体魁梧奇伟,背脊颇有些驼"的贵客后颈上,是"和颜悦色地让这个凶狠的猫伯伯骑在脖子上"。这时候外公一定感到十分错愕:原来以为写随笔《阿咪》,最多也就是写了猫猫狗狗的小事而没有写大题材,没料到当时竟然会惹出重大"政治问题"。真是荒唐至极!就因为用了家乡浙江桐乡一带的民间土话中的一种口语,一种习俗,却带来了无尽的灾难。

尽管因为猫伯伯,因为阿咪惹出许多麻烦,但是在读者心目中,它们却并不是"无益于世道人心"的,有读者认为:"猫咪是'空巢青年''空巢老人'的情感寄托!猫咪更是那些有'沮丧情绪'的人调节情绪的良药!"丰子恺"极善于从细小的生活中提炼出情趣盎然的意蕴来,他的散文有思想,更有智慧,读者往往能在轻松的状态下领略生活的真谛,《阿咪》的艺术美感亦正在于此"。《阿咪》这篇随笔中的一句话正好可以用来作为结语:猫"即使不捕老鼠,也有功于人生"。

丰子恺《小猫亲人》

(杨子耘)

67."喔哟，斛记凶了！"

"喔哟，斛记凶了！"是丰子恺先生与服务员的一个误会，事情发生在 1957 年的扬州。丰子恺喜爱古诗词，读到姜白石的诗词《扬州慢》中"二十四桥仍在，波心荡冷月无声。念桥边红药，年年知为谁生"时，很想看看二十四桥到底是什么样的，便与小女儿丰一吟、小儿子丰新枚到扬州寻访西门外的这座小桥。

这是一座不起眼的小桥，横亘在枯水期"不过六七尺"的小河上，让人不敢相信这就是杜牧诗中"二十四桥明月夜，玉人何处教吹箫"的地方。三个人在这座小桥边合影后就返回城里吃晚饭。晚饭时丰子恺照例是要喝黄酒的，与服务员说了要黄酒，回答却是"没有"。

丰子恺完全没有预料到饭店居然没有黄酒，家乡话脱口而出："喔哟，斛记凶了！"服务员听了满脸委屈地说："我一点儿也不凶的呀！"其实服务员理解错了，丰子恺这是自言自语，接下来免不了一番解释："斛记凶了"不是说态度"凶"，是桐乡与上海一带的方言，意思就是"这下厉害了"或者"这下尴尬了"。

和古诗词一样，黄酒也是丰子恺一生的爱好之一。早在浙江上虞春晖中学任教期间，丰子恺与他的老师夏丏尊，以及朱自清、刘薰宇、朱光潜等人同饮黄酒，席间谈论的是文学与艺术创作，一坛绍兴酒不喝完是不罢休的。

　　1948年9月，丰子恺去台湾旅游时写信给上海的学生胡治均，说在台湾备受旧友新知的热情款待，一切很好，但"美中不足此间酒味太差，难以上口"。胡治均知道，老师最爱绍兴黄酒，于是赶紧买了两坛绍兴酒，托人带到台湾开明书店。丰子恺高兴之余，专门开了一次"绍酒宴"以庆祝他初次踏上这失而复得的国土，同时也感谢亲朋好友的热情招待。当时在台湾的作家谢冰莹看到丰子恺对台湾景色很留恋，便问他："为什么不在台湾定居下来？"丰子恺说："台湾是美丽的宝岛，四季如春，人情味浓厚，只缺少了一个条件，这是使我不能长住的原因。""什么条件？""没有绍兴酒。"这话引得在场的人一阵大笑。

丰子恺《秋饮黄花酒》

丰子恺《置酒庆岁丰》

　　丰子恺如此喜爱绍兴酒，以至于"文化大革命"中坐"牛棚"时，他也设法让家人为自己送绍兴黄酒来，骗造反派说是药酒。后来在病重期间,曾想戒酒使病好转,但由于酒瘾复苏,又开戒吃酒,只是酒量减少。绍兴黄酒一直陪伴着他,直到他与世长辞。

(杨子耘)

68. 丰家年夜饭

丰家的一日三餐,说讲究却又不讲究。丰子恺家中虽出过举人,但家道中落,生活上难免从简,丰子恺又受弘一法师极简生活的影响,对于吃几乎一点儿不讲究,在他的文章里也很少提到美食;而丰师母出身大户人家,从小在充满各种仪式感的生活中长大,吃的方面很讲究。于是,丰家的餐桌上常常会出现这样一幕:

"诺,这只菜时鲜货,去了晚买不到的。"

"时鲜不时鲜不搭界的,等大量上市再吃也不迟。"

"……"

丰师母大事上永远听丰先生的,但时鲜货这种小事上依然我行我素。

丰子恺忙于工作无暇顾及家务,所有家务全由贤内助一手包揽。从缘缘堂时期到九年逃难,家中上有老下有小,所有家庭事务全由丰师母一人承担。在中华人民共和国成立后的计划经济时代,丰师母生活上更是精打细算,将手中有限的票证——用到极致,再加上家乡亲戚常来常往,大到家禽小到鸡蛋,还有豆制品、甜麦塌饼、镬糍糖茶、糯米团、豆黄粉、熏青豆、菊花……源源不断，副食品各方面总归安排得井井有条。

除夕时，在上海的几个子女带着孩子家家到齐。丰家的年夜饭可谓隆重，早在腊月二十几丰师母就已经开始准备，采购糕点、炒货等各色年货，磨糯米粉，做黑洋酥馅，摊蛋饺，鸡鸭鱼肉洗的洗腌的腌，一切都为大年夜那顿年夜饭做准备。

年夜饭一条大鱼是必备的；还有八宝鸭，里面塞满了香肠、香菇、栗子、上好的糯米等各种诱人食材；炭烧铜火锅也是重头戏，热气腾腾端上桌，更平添了节日气氛。由于人口众多，经常是大人在大菜台（前房东留下的西菜大台子）前挤上满满一桌，小孩则用茶几和小桌另外拼起。餐桌上满满的家乡味道，大人们说着桐乡话，享受着美酒佳肴的同时，说工作、谈家庭、回忆昔年趣事，其乐融融。台子下的小孩子们吃得匆忙，他们要紧的是去玩，但根据桐乡的习俗，年夜饭的碗数必须成双，哪怕一口饭也算一碗。

20世纪60年代初笔者才十多岁，清楚地记得拿着小碗要妈妈再多添点火锅里的好东西，妈妈没给，只是轻轻地说："火锅里东西其实不多的，别人也要吃的。"后来笔者才知道，火锅看似又大又深，可中间的大烟囱占掉了很多空间。

年夜饭接近尾声，进入发压岁钱的环节，丰子恺拿出早已准备好的红封袋一一发给第三代，孩子们得了压岁钱欢天喜地，男孩们想着买鞭炮，女孩们盘算着买文具或蝴蝶结，外婆在一旁叮嘱着：压岁钱千万要藏好，你们小娘舅小时候年年压岁钱弄丢掉，岁压不住，所以长这么高。

已经吃好饭的大人小孩离席,聊天的聊天,猜谜的猜谜,喝酒的继续推杯换盏。丰家有个好习俗,每逢大年三十,楼下客厅里总要挂出长长一大串谜语彩纸,其中家乡流行的比较容易猜,大多适合孩子们,比如:

两只袋袋没有缝,日里装满夜里空。(打一物)
一百个囡囡困在一张床,一个一个拖出来打。(打一物)

但谜语书上摘录的就有难度了,还真的能难倒大人。比如这一条:

千锤万凿出深山,烈火焚烧若等闲。
粉骨碎身浑不怕,要留清白在人间。(打一物)

从谜面看是一首形容清官的诗,长子丰华瞻善于猜谜,想来想去觉得是碱,还表示"不是碱就不合理",但谜底偏偏不是。他只好去请来还在喝酒的父亲,丰子恺看了谜面沉吟片刻,立刻给出正确谜底:"石灰。"原来这是一首明代诗人于谦的《石灰吟》,全诗无石无灰,像极了谜面,大家都称"姜还是老的辣"。

年夜饭随着欢声笑语谢幕,丰家的"春晚"又拉开了序幕……

(杨朝婴)

69. 丰家的"春晚"

在丰家,过除夕不仅有丰盛的年夜饭,饭后还有精彩的节目。哪怕在抗战逃难期间,丰家老幼一路漂泊不定,丰子恺还是苦中作乐,千方百计让家人过得舒心点儿。每逢过年,全家吃好年夜饭,丰子恺就和子女们凑在一起一边玩游戏一边守岁。

这个游戏叫"览胜图",类似现在的飞行棋。参加游戏的六个人各有自己特殊的身份,如"词客"(书生)、"羽士"(道士)、"渔父"(渔夫)、"缁衣"(和尚)等,他们通过轮流掷骰子逐步前进、停止或后退,最先到达终点者为胜。起点是劳劳亭,出自李白的诗句"天下伤心处,劳劳送客亭",然后一路历尽坎坷最终到达终点长安市。沿途几乎每站都有一个著名景点,如"滕王阁""岳阳楼""桃花源",或典故如"尾生桥""望夫山",还有不少地名在各代名家诗词中都能见到。这一路上,如果合适的身份走到合适的地点那是最好,比方"词客"恰好走到"滕王阁",就会让人联想到王勃的《滕王阁序》,可以得到奖励多前进几步,若是兴起还会背上一段;但如果"美人"走到"望夫山"(取材自刘禹锡的诗),那必须等她的丈夫"词客"来了才可继续前行。游戏全程根据故事情节决定去留。通过玩这个游戏,子女们顺便温习了古文古诗词,让语文学习更加充满活力。丰家不仅在逃难路上玩,后来到各地居住都带着这张"览胜图",中华人

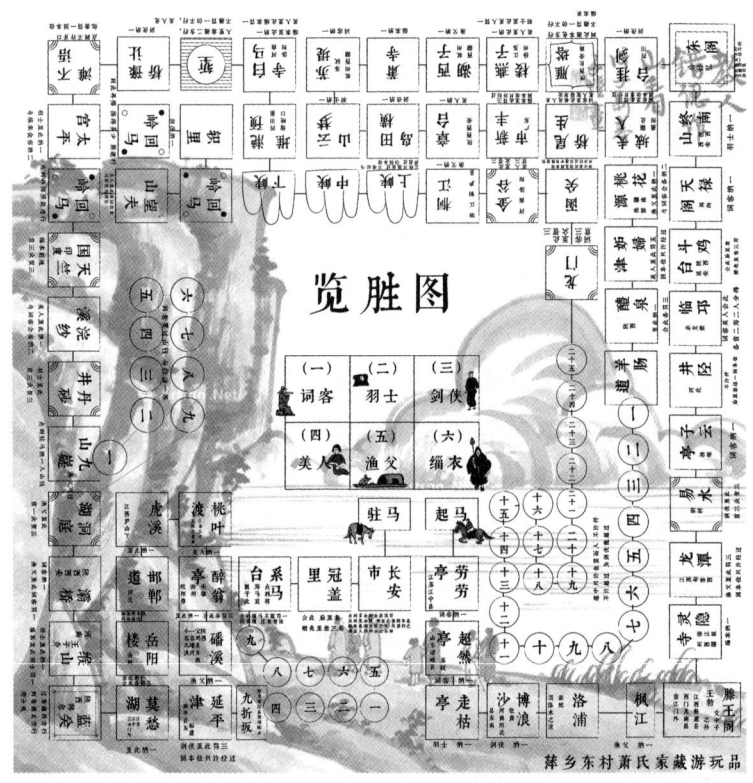

丰家除夜游戏"览胜图"

民共和国成立后,尤其是在上海陕西南路日月楼居住的岁月里,随着子女们学识的增长,除夜玩这个游戏时,大家的兴味更浓。

年夜饭后还有一个重要节目,那就是除夜交换礼物。这是早在1940年全家还在逃难中,丰子恺想出的一个新节目。那天晚上,大人小孩纷纷拿出预先秘密用纸包扎好的礼物,在包装上一一贴上"除夜福物"红纸条,并编成号码,然后每人抓阄,在大家的围观下按次序拆礼物包。此时的欢乐达到高潮,在一阵阵欢呼声中,孩子们不仅有自己得到礼物的惊喜,还有观看别人拆包时助威呐喊的种种乐趣。有些礼物确实别开生面,令人意想不到,拆开时往往赢得哄堂大笑,尤其丰子恺买的礼物,往往是超过规定价钱的,大家都希望得到。交换"除夜福物"的节目一直保留到日月楼时期,参加的人中增加了第三代,那就更加热闹了。孩子们都想抽到外公的"除夜福物",因为外公的每年都是最好的。有一年有人抽到了外公的钢笔,还有一年外公包装了一包特大礼物,大家隔着报纸摸却怎么也摸不出所以然,最后亮相,竟是一把扫帚,大家笑得前仰后合。

交换礼物后,丰家的"春晚"正式开始了。春晚的总导演总归是"小娘姨"丰一吟,大点儿的孩子当助手。客厅里已经拉起了各色彩带,写在长条彩纸上的节目单也准备好了,过一个节目就撕下一张。

开场总归是全家大合唱,第一首通常是"长亭外、古道边,芳草碧连天……"所有曲谱早就抄在彩纸上高高挂在墙上,钢琴伴奏是多才多艺的"小娘舅"丰新枚。《毕业歌》《南泥湾》《洪湖水浪打浪》等几乎每年都要唱。

大合唱结束后,大人小孩按节目单顺序表演节目,有儿歌表演、外语朗诵、念急口令、独唱、讲笑话、唱京剧、扭秧歌……太小的孩子表演拍皮球。集体游戏也是必不可少的,大家通常会玩击鼓传花或猜谜语。自从家里有了601录音机后,"小娘姨"还精心编辑过这些节目,并录下了只有桐乡人听得懂的桐乡儿歌和俚语。记得有一年"总导演"别出心裁地拿出收藏的花头巾，一并给男孩女孩戴在头上，将客厅和餐厅之间的落地帘当成大幕，大幕徐徐拉开，花花绿绿的孩子们齐声高唱，"春晚"圆满结束。

除夕夜最后的压轴戏必定是放烟花，20世纪50年代末60年代初，过年放烟花的人家不多，丰家门口的烟花表演必然引来众人围观，有时小孩子不懂事不让人家观看，丰子恺就会及时制止。烟火在长乐邨上空美丽闪烁，着实能热闹上好一会儿。

自从1954年丰子恺全家搬入日月楼，每个春节都过得喜气洋洋、有滋有味，可是到了1965年除夜情况开始不妙，正当一家老小欢欢喜喜唱歌的时候，后门来了不速之客，两个警察"来看看"，警察走后大家再也乐不起来。随后的日子更加难过，第二年就遭遇了"文化大革命"。

从那时起，上海经历了翻天覆地的变化，日月楼也几经磨难，人去楼空，"春晚"不再，唯一的变化是政府在大门口钉了块铭牌："丰子恺旧居"。

（杨朝婴）

70. 丰家的第一台电视机

1962年1月18日，丰子恺受照顾，以450元买到了一台14英寸的电视机。那时的电视机是黑白的、电子管的，很庞大，还要在三楼屋顶上装一个环形天线，再用扁平馈线将天线信号一直送到一楼电视机后面。而那台电视机不像现在这样买来就可以看，必须去电视台接受"培训"，丰子恺的女儿丰一吟就去参加了培训，工程师教大家如何开机，如何调水平同步和垂直同步等，可以说调节相当复杂。

电视机拿到家后，大家非常兴奋，有了一台电视机，不仅能听，还能看。记得那时只有三个电视频道，还不是从早到晚播——播放什么大家就看什么。每天吃过晚饭，一家人坐在电视机前享受这温馨时光。亲友们也常全家出动，每逢周末便来看电视。这个消息还传遍了里弄，邻居纷纷前来试探，希望能有幸"揩油"进来一睹为快。经允许后，客厅便变成了小型戏院，座无虚席。

在观众席的正中间前摆放着一只沙发，这是丰子恺的专座。他每晚都在这里度过欢乐的时刻。

可是后来有一晚，他在看电视的中途上楼去了，久久不回。丰一吟便上楼去看个究竟。

"爸爸你为什么不下来看电视了？"

"……我想休息休息。"

听得出这不是真话。在追问下，他终于说了实话："坐在我后面的那个男孩位子比我高些，他往前靠在我的藤椅背上，鼻子里喷出来的气正好喷到我头颈里……"

"那我下去把位子挪一挪。"

"不要！今晚的电视不大好看。我本不想看。"

丰子恺就是这样，宁可自己受委屈，也要尽量照顾别人。

丰家第三代中也有几人学会了调节这台复杂的黑白电视机。

大约是 1964 年，电影《冬梅》首映，主演是白杨，电视台也首播，那天晚上客厅完全坐满了，大家全神贯注地观看着。没想到，放映到最紧张的时候，电视突然出故障了，屏幕缩成一个小亮点，什么也看不见，甚至声音也没有了。当客厅的电灯被打开，示意大家"退场"时，全体人员没有一人移动，所有人的眼睛都盯着正在调试电视机的丰家外孙，仿佛希望他能带来好运。过了寂静的 5 分钟后，外孙重新打开电视，反复调试屏幕上那满是雪花的信号，当冬梅的形象再次出现时，大家这才松了一口气，好在后来没有再出问题。

这台笨重的电视机一直用到"文化大革命"抄家，被画院抄走。到"文化大革命"后期政策有所松动时，电视机被还回来了，但是丰家早已"门庭冷落"，楼下的客厅也已经被他人占有，不会再有亲友一起看电视的热闹情景了。这样，电视机就被放在了三楼。再说那个时期，也没有什么值得观看的节目，几乎都是"新闻简报"。只有外国球队访华与国家队比赛时，电视台才可能转播，这时才有几个实在喜欢体育比赛的亲属特地赶来观看。

后来，出现了半导体电视，体积小，价格也还能接受，不少家庭都买了这种电视机，于是这台 14 英寸电子管黑白电视机再也无人问津了。

（宋雪君）

71. 天下何人不识丰

"天下何人不识丰"这句话的由来,还要从教育家、编辑家傅彬然说起。抗日战争时期,丰子恺在桂林师范学校任教,他家隔壁住着一些军官。有一天,一个连长的夫人来丰家为另一连长提亲,丰家谢绝后却仍有士兵送一些幼稚的"情书"来骚扰。后来那些军人得知住在他们隔壁的人是丰子恺时,便不再来打扰丰家。

说起这件事,好友傅彬然特意集唐诗赠丰子恺,其中有一句是高适的《别董大》:"天下谁人不识君",丰子恺听了戏说,"人"字要改为"兵"字才是哩。到了1943年,丰子恺暂居重庆沙坪坝,他特意去乐山拜访马一浮先生。久别重逢,大家聚在一起畅谈一路逃难的曲折与坎坷,感慨万千。回到重庆后,丰子恺写诗《一九四三年,赴乐山访马一浮先生,回沙坪坝记录》,记述了这次重逢的点点滴滴,其中有一首曰:

> 尚有空名在国中,新朋到处喜相逢。
> 酒酣欲把唐诗改,天下何人不识丰。

到了20世纪60年代,丰家第三代好多人按惯例都在外公家过周末。上午,丰子恺在楼上工作,孩子们绝不会去打扰他,到了下午,丰子恺午睡之后常常会继续工作一段时间,只有晚饭后,他不马上去楼上,会和大家说说笑笑,甚至一起玩耍。有天晚上,不知是谁开了口:"外公,给我们讲个故事吧。"没想到外公爽快地答应了,他说:

我给你们讲一个今天下午发生的故事吧。

今天下午,我到邮局去汇款,填写好汇款单后,我递给邮局里面的工作人员。那个人工作很专心,头也没抬,接了单子看着。忽然,他对我说:"先生,你漏掉了汇款人的名字。"

我忙说:"啊,忘了,你给我吧,我补写。"

工作人员说:"不用了,我帮你写上。请问您尊姓?"

"我姓丰。"

"什么 feng 啊?"

"那个……就是咸丰皇帝的丰。"

"咸 feng 皇帝的 feng 怎么写啊?"

"或者说,是兆丰公园的丰。"(当时的兆丰公园就是现在的中山公园)

"兆 feng 公园?"他还是没有想出来。

"啊,那也就是五谷丰登的丰。"

"五谷 feng 登……"忽然,他恍然大悟,"哦!知道了,就是丰子恺的丰!"

丰子恺的故事讲到这里,后面也不用讲了,孙辈们全都哈哈大笑。现在想想,一个普通的邮政局职工,可能不知道咸丰皇帝,也可能不知道兆丰公园,却非常熟悉丰子恺的名字,真是耐人寻味。

丰子恺就是这样一位很接地气的人。他出版了几百种图书，有画集，有随笔集，有艺术教育图书，还有通过英日俄三种语言翻译的各类图书，而且这些图书从初版至今，有的已经近百年，至今仍然在不断重版。有了这么多的读者，也就有了"天下何人不识丰"。

（宋雪君）

72. 丰家的"热门书"

在上海陕西南路39弄93号丰子恺旧居日月楼里，有一本丰子恺自己编写、自己手书、自己装订、自己"出版"的《小故事》，线装，印数为一册，内容大多出自《说苑》《二十四史》《虞初新志》等历史典籍。丰子恺平时阅读古文，就把一些好玩的、有意义的文言文翻译成白话文，再抄写在家里特制的"缘缘堂制笺"上。这些故事每篇仅一两页，短小精悍，幽默诙谐，且通俗易懂，所以大受欢迎，借阅的频率相当高，可以说是丰家的"热门书"。比如有一篇《似我》这样写道："无锡的县官在天下第二泉上安了一只匾，上写'似我'两字，意思是他这官同这泉水一样清。过了几天，他去看，那匾额不见了。东找西找，后来找到了。原来被人拿去安在茅厕上了。(《皇华纪闻》)"

在那个史无前例的年代，正是由于这本《小故事》被借阅，

丰子恺编写的《小故事》

才得以逃过一劫。像这样的书,丰子恺一共写了三本——《小故事》《虐诗》《谐诗》。当时丰子恺的二女儿丰宛音借阅这三本书后,丰家便遭到了红卫兵的抄家,而这几本"书"就这样离奇地保存了下来。

丰子恺对子女以及第三代孩子们的关怀,更多体现在精神层面,而非物质方面。中华人民共和国成立前后出生的第三代孩子们,除了能在日月楼读到许多有趣的好书,还能参与更多丰富多彩的活动。他们会唱外公改编的歌曲,或用家乡石门话吟唱背诵古诗词,在日月楼的二楼还有专门为孩子们准备的小书架,各种书籍一直在更新。

(杨子耘)

73. 从"齐摇手"到"齐点首"

丰子恺先生喜爱饮酒、喜爱诗词,在抗战时期的1944年中秋节,丰子恺避寇重庆,在自建的"沙坪小屋"中酒后曾填下《贺新凉》一首:

七载飘零久。喜中秋巴山客里,全家聚首。去日孩童皆长大,添得娇儿一口。都会得奉觞进酒。今夜月明人尽望,但团圞骨肉几家有?天于我,相当厚。

故园焦土蹂躏后。幸联军痛饮黄龙,快到时候。来日盟机千万架,扫荡中原暴寇。便还我河山依旧。漫卷诗书归去也,问群儿恋此山城否?言未毕,齐摇手。

丰子恺是酒后即兴填下这首词的,谁知竟然成了预言——不到一年,日本人宣布无条件投降。欢庆之余,丰子恺用毛笔写下这首词,贴在沙坪小屋的墙上,天天观赏,还抄写了多份,赠送给亲朋好友。

1944年,丰子恺子女七人在重庆合影

复员回到江南,丰子恺仍念念不忘重庆,回忆起这首《贺新凉》,反复吟诵后,似觉不妥。他写下《谢谢重庆》一文,文中说:"做人倘全为实利打算,我是最应该不复员而长作重庆人的。因为一者,我的故乡石门湾,二十六年冬天就被敌人的炮火改成一片焦土。我的缘缘堂以及其他几间老屋和市房,全部不存,我已无家可归。而在重庆的沙坪坝,倒有自建的几间'抗建式'小屋,可避风雨。二者,我因为身体不好,没有担任公教职员,多年来闲居在重庆沙坪坝的小屋里卖画为生,没有职业的牵累,全无急急复员的必要。我在重庆,在上海,一样地是一个闲人。何必钻进忙人里去赶热闹呢?三者,我的子女当时已有三个人成长,都在重庆当公教人员。他们没有家室,又不要担负父母的生活,所得报酬,尽可买书买物,从容自给。况且四川当局曾有布告,欢迎下江①教师留渝,报酬特别优厚。为他们计,也何必辛苦地回到'人浮于事'的下江去另找饭碗呢?——从上述这三点打算,我家是最不应该复员而最应该长作重庆人的。"

为此,丰子恺开始为《新重庆》画画、写文章。在《新重庆》创刊号上,他发表《谢谢重庆》,文章中把这首《贺新凉》的结尾更改了,把"言未毕,齐摇手"改为"言未毕,齐点首"。

(杨子耘)

74. 读《戏和马公愚梅花诗》

丰子恺一生酷爱诗词,1918年在浙江省立第一师范学校读书时,他就在校刊《校友会志》上发表了诗词八首,其中第一首即为咏梅诗《晨起见园梅飘尽口占一绝》:"铁骨冰心霜雪中,

---

① 这里所说的"下江",指的是长江下游江苏、浙江、安徽、江西等地。

孤芳不与众芳同。春风一夜开桃李，香雪飘零树树空。"关于咏梅诗，他还写过《戏和马公愚梅花诗》。

马公愚先生有"艺苑全才"之称，尤其是书法，篆隶真草无一不精。马公愚居上海襄阳北路颐德坊时，丰子恺常登门拜访。后来丰子恺任上海文史馆馆务委员和中国画院院长，马公愚为上海文史馆馆员和中国画院画师。1953年壬辰除夕，马公愚一连作了二十四首七言梅花诗，脚韵均为"涯""家""花"。这种古人把玩文字的雅趣在《红楼梦》第三十七回中亦有描述：探春提议结诗社，以《咏白海棠》为题作诗，让丫头随意说出一个字，这丫头因正倚门而说出"门"字，便又让丫头从韵牌匣子取出同韵的四个字，分别为"盆""魂""痕""昏"，探春、宝钗、宝玉、黛玉分别在燃一炷香的时间里写出一首七律诗。

1953年，丰子恺与钱君匋、马公愚、邱祖铭、曹辛汉等

丰子恺也是把玩文字的好手，他的《戏和马公愚梅花诗》作于1953年清明节，共四首，同样以"涯""家""花"为韵

脚。前两首是回忆杭州西湖孤山的梅花的：

当年曾住水西涯，门对孤山处士家。
常怪阳春飞白雪，原来点点是梅花。
孤芳最早发湖涯，不与群芳共一家。
待得湖滨花如锦，枝头不复有梅花。

戲和馬公愚梅花詩
當年曾住水西涯門對孤山處士家常怪陽春
飛白雪原來點點是梅花
孤芳最早發湖涯不與羣芳共一家待得湖濱
花似錦枝頭不復有梅花
孤山香雪隔天涯夢裏清姿到家家四馬路
旁無寸土更從何處覓梅花
年來學習為生涯不作詩家或畫家今日無聊
詩興發也來步韻詠梅花
梓生先生 一笑 癸巳春日子愷

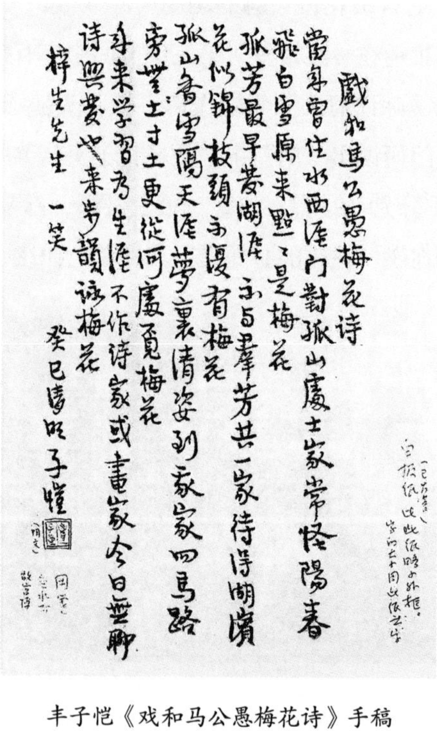

丰子恺《戏和马公愚梅花诗》手稿

从宋代到明代、清代，诗人作诗常用到“水西涯”，如“修篁乔木水西涯”“楼船同住水西涯”“至今龙泣水西涯”“初日上，水西涯"等，丰子恺这里的水西涯，指的是1947年年初在杭州西湖边觅得的住处，也就是他曾经与郑振铎先生"湖畔夜饮"的地方。这里北靠葛岭，东临招贤寺，向西走一段路便是岳庙。"门对孤山放鹤亭"，这是丰子恺在这里吟出的一句下联，正好开明书店经理章锡琛先生来访，给补上上联"居近岳庙招贤寺"，后来叶圣陶先生又改为"居近葛林招贤寺"，从而三位老友完成了这副对联。

"湖畔小屋"的对岸，是"孤山处士"林逋种的三百六十余株梅树。林逋是宋代隐逸诗人，长期隐居孤山，终身不娶也不出仕，平时除作诗绘画外喜爱种梅养鹤，所以人称"梅妻鹤子"。据说林逋隐居西湖结庐孤山时，常泛舟西湖，遍访附近高僧诗友，但凡有客来访，门童就会放飞家养的鹤，林逋看到鹤飞便驾舟返回孤山会客。

这放鹤亭一带，自清代起就是赏梅胜地，曾以"梅林归鹤"成为"西湖十八景"之一。每到早春梅花开放，丰子恺站在"湖畔小屋"的门口，便可看到那一大片"香雪海"，于是便有了"阳春飞白雪"的一番感慨：

孤山香雪隔天涯，梦里清姿到我家。
四马路旁无寸土，更从何处觅梅花。

年来学习为生涯，不作诗家或画家。
今日无端诗兴发，也来步韵咏梅花。

丰子恺《小桌呼朋三面坐，留将一面与梅花》

读丰子恺的这后两首梅花诗，同样需要了解作者的生活处境。当时丰子恺居上海，距杭州也不算远，那么他为什么要说"孤山香雪隔天涯"，只有在梦里才能来到呢？读了1952年丰子恺写给编辑常君实的信便可了解："年来由于埋头学习俄文，新收入毫无。同时旧书许多停刊，版税收入大减。因此生活颇有青黄不接之状。但得度过半年，俄文学成，即无虑矣。"中华人民共和国成立以后，作为自由职业者的丰子恺版税收入大减，又不能开画展以卖画为生，从前学的英语日语也一时用不上，唯有"老大哥"的俄语翻译正"欣欣向荣"，所以他在五十多岁时忙于学习俄语，连去趟杭州都成了奢望，这样也就有了

"隔天涯"的诗句。后两句中的"四马路"指上海福州路，当时开明书店迁往北京并改组为中国青年出版社，章锡琛先生全家随之迁往北京，于是，他便把自己位于福州路671弄7号的房子连同家具无条件转给了丰子恺，供其安身。这地方边门正对着国际书店的后门，逛书店买外文书非常方便，丰子恺就是在国际书店买回日文版的《俄语一月通》，开始了俄语学习的。第四首诗中"年来学习为生涯"，讲的就是为生活而学习俄语，"不作诗家或画家"，丰子恺这是做了翻译家。在此后的二十年里，丰子恺翻译出大量译作，包括屠格涅夫的《猎人笔记》，柯罗连科的《我的同时代人的故事》（与丰一吟合译），紫式部的《源氏物语》，甚至到了"文化大革命"的艰难时期，丰子恺还冒着极大的风险翻译了汤次了荣的《大乘起信论新释》。

　　解读这四首梅花诗，了解这些诗背后的故事，可以清晰地看到丰子恺艺术生涯在这一时期的重大转折——从以卖画和版税为生，转向翻译创作。丰子恺一生翻译作品近六百万字，成为我国翻译领域成就卓著、影响深远的杰出代表。

（杨子耘）

75. 丰子恺的诗化人生

　　丰子恺的弟子潘文彦在《丰子恺的诗化人生》一文中这样评价丰子恺："他从童年以《千家诗》启蒙，到晚年在咏诗作画中走完人生的历程。"确实，诗词是丰子恺一生的挚爱，他的一生几乎是在读诗、背诗、吟诗中度过的。无论逆境还是顺境，诗词始终与他相伴。

丰子恺最早开始发表诗作，是在他 20 岁时于浙江省立第一师范学校求学时期。他在《校友会志》上发表了诗词八首，从这些诗作便可看出，丰子恺对于作诗填词已相当得心应手，如他所作的《满宫花》：

满宫花

荻花洲，斜阳道。一片凄凉秋早。异乡风物故乡心，镇日频相萦绕。

桐叶落，杨枝袅。做弄闲愁闲恼。秋来春去怅浮生，如此年华易老。

由于丰子恺自幼熟读大量古诗词，在他的诗作和绘画作品中都融入了古诗词元素。特别是他的绘画作品，画面与诗词是紧密融合的，这让人想起文学大家对丰子恺漫画的评语，俞平伯曾说："您的画本就是您的诗。"朱自清则说："我们都爱你的漫画有诗意；一幅幅的漫画，就是一首首诗——带核儿的小诗。"

诗词陪伴了丰子恺一生。抗日战争爆发后，丰子恺在"宁当流浪汉，不做亡国奴"这一信念的引领下，带着一家老小踏上了极其艰难的逃难之路。在逃难的九年间，丰子恺发表了《避寇萍乡代女儿作》《仁者无敌歌》《中华古国万万岁！》《望江南六首》等抗战诗词。在和平年代，丰子恺游历祖国大好河山，写下了《游黄山欣逢双喜》《江西道中作望江南》《癸卯春游杂咏》等诗篇。在"文化大革命"那段饱经磨难的岁月里，1968年尤为百无聊赖。然而丰子恺却保持着"白云无事常来往"的恬淡心境，与远在石家庄的小儿子丰新枚不断通信，玩起了古诗词接龙的游戏。

寥落古行宫　宫花寂寞红　红豆生南国
国破山河在　在山泉水清　清泉石上流
流光不待人　人闲桂花落　落月满屋梁
梁上有双燕　燕燕尔勿悲　悲风过洞庭
庭中有奇树　树下即门前　前年过代北
北风吹白云　云深不知处　处处湘云合
合欢尚知时　时时误拂弦　弦上黄莺语
语罢暮天钟　钟声云外飘　飘飘何所似
似听万壑松　松月夜窗虚　虚名复何益
益见钓台高　高台多悲风　风雨送归舟
舟载人别离　离人心上秋　秋风吹不尽
尽日栏干头　头上何所有　有弟皆分散
散步咏凉天　天意怜幽草　草色洞庭南
南北别离情　情人怨遥夜　夜久语声绝
绝域阳关道　道路阻且长　长聱知有恨
恨别鸟惊心　心远地自偏　偏惊物候新
新人不如故　故国梦重归　归来报明主
主称会面难　难得有情郎　郎骑竹马来

来者日以亲　亲朋无一字　字字苦参商
商略黄昏雨　雨后却斜阳　阳春二三月
月是故乡明　明月出天山　山中方七日
日日人空老　老至居人下　下窥指高鸟
鸟道高原去　去也不教知　知是落谁家
家住水东西　西北是长安　安禅制毒龙
龙宫俯寂寥。

这些古诗词接龙，真不知要背诵多少古诗词，花费多少日日月月才能完成。而在那个年代，古诗词是丰子恺的精神慰藉。即使在被关牛棚的时候，在五七干校被迫参加劳动的时候，晚上与室友们谈论最多的仍是古诗词。

丰子恺《无言独上西楼，月如钩》

丰子恺晚年在《〈敝帚自珍〉序言》中这样描述自己对于诗词的喜爱："予少壮时，喜为讽刺漫画，写目睹之现状，揭人间之丑相。然亦作古诗新画，以今日之形相，写古诗之情景。今老矣！回思少作，深悔讽刺之徒增口业，而窃喜古诗之美妙天真，可以陶情适性，排遣世虑也。然旧作都已散失。因追忆画题，从新绘制，得七十余帧。虽甚草率，而笔力反胜于昔。因名之曰'敝帚自珍'，交爱我者藏之。今生画缘尽于此矣。辛亥新秋子恺识。"正是这些"美妙天真""陶情适性，排遣世虑"的古诗词，成为丰子恺生命最后岁月的精神寄托。画完了《敝帚自珍》，"今生画缘尽于此矣"，但丰子恺的"诗缘"并未结束，1975年8月29日，丰子恺因病重住院，那一晚他背诵的是陆游的《示儿》："死去元知万事空，但悲不见九州同。王师北定中原日，家祭无忘告乃翁。"

（杨子耘）

76."诗和远方"

"生活不只是眼前的苟且，还有诗和远方"，这句充满诗意的话不知触动了多少人的心灵！而"诗与远方"也成了社会关注度相当高的一种情怀。其实，用一首打油诗来记录一次远行，向来是丰子恺及其子女们出游的必修课，即使在抗日战争时期一路向西无比艰难的逃难岁月，丰子恺也会用打油诗来予以记录："浙江石门湾，原来是故乡。六日掼炸弹，逃到南圣浜。外婆一同来,又来姑婆娘。亲眷本来多,外加蒋金康。金康有新屋,借来当栈房。老幼十个人,困在稻草上……"

中华人民共和国成立以前,外出旅游是件十分奢侈的事,这对丰子恺来说也是这样。但在中华人民共和国成立后,丰子恺带着家人历游莫干山、庐山、镇江、扬州、黄山、宁波、舟山、普陀山、苏州、杭州、绍兴、嘉兴、南浔和湖州等地,不但写下一篇篇游记,还写生作画吟诗填词。他感叹说,旅游"不但开了胸襟,又广了眼界"。

1988年5月20日,丰宁欣、丰陈宝、丰一吟在乐山大佛脚背上

到了20世纪80年代末,丰子恺在上海的大女儿丰陈宝与小女儿丰一吟都已退休,她们在编辑有关丰子恺著作的空档,走遍了大半个中国。通常丰一吟是这个旅游团队的召集人、组织者、总策划,团队的成员有家里的兄弟姐妹,有以前的同学

和朋友;她们的出游都是小团游,人员一般不会超过七八人;她们的"方针"是先高后低,先远后近;她们的旅游方式是自助游,而且很多时候还是即兴自助游:在绿皮火车上,发现路过一个好玩的地方,便马上下车签票,住下玩一天;她们的旅途是艰辛的,甚至住过浴室通铺,如果住宾馆,他们称之为"休整",那里条件好些,可以洗洗衣服好好休息一下。为此,丰家小弟丰新枚还为她们的旅游团取名"叫花子旅游团",但这点艰辛并不算什么,只要与姊妹在一起,她们的旅途就充满了欢乐。

  旅途的欢乐并不一定全部来自兄弟姊妹的聚会以及沿途美景的欣赏,还来自必不可少的打油诗。打油诗的写作并不都是回到家里才开始的,它是旅游途中的一个项目,而且是你一句我一句"集体创作"的。我们来读一段1989年7月她们游张家界天子峰"一步难行"景点时所作的打油诗:

> 十八晨出门,路远又迢迢。
> 贺龙公园好,神堂湾更妙。
> 虽然不爬坡,路上低又高。
> 原来碎石多,路还没铺好。
> 一个不小心,忠字舞来跳。
> 来到招待所,先睡一大觉。
> 然后又上路,去看仙人桥。
> 桥险不能过,却要收门票。
> 再到一步峰,果然很险要!

三人地上爬，伸头望山坳。

此等怪模样，拍有一张照。

1989年7月，丰一吟、丰宁欣、丰陈宝游张家界天子峰"一步难行"景点

这次同行的有丰陈宝、丰宁欣、丰一吟三姊妹等人，那一年丰陈宝69岁，丰宁欣68岁，丰一吟60岁。她们共同写下了一首名为《武陵行》的打油诗，并取了一个"笔名"陈一欣，三个人各取姓名中的一个字——丰陈宝取"陈"，丰一吟取"一"，丰宁欣取"欣"。

这就是丰家后代的"诗和远方"，"远方"有不一样的美，一定要去看看，诗也是不可或缺的。写诗不用很规整，能有个记录留待以后回忆就好，也能让后人看看她们这一代人充满诗意的日常生活。

（杨子耘）